GUIDE
DES ÉTUDES
DE DROIT

GUIDE DES ÉTUDES DE DROIT

2ᵉ édition
1996

Patrick Courbe
*Professeur à la faculté de droit
de sciences économiques et de gestion de Rouen*

Chantal Dijon-Gallais
*Assistante à la Faculté de droit,
de sciences économiques et de gestion de Rouen*

Le pictogramme qui figure ci-contre mérite une explication. Son objet est d'alerter le lecteur sur la menace que représente pour l'avenir de l'écrit, particulièrement dans le domaine de l'édition technique et universitaire, le développement massif du photocopillage.

Le Code de la propriété intellectuelle du 1er juillet 1992 interdit en effet expressément la photocopie à usage collectif sans autorisation des ayants droit. Or, cette pratique s'est généralisée dans les établissements d'enseignement supérieur, provoquant une baisse brutale des achats de livres et de revues, au point que la possibilité même pour les auteurs de créer des œuvres nouvelles et de les faire éditer correctement est aujourd'hui menacée.

Nous rappelons donc que toute reproduction, partielle ou totale, de la présente publication est interdite sans autorisation de l'auteur, de son éditeur ou du Centre français d'exploitation du droit de copie (CFC, 3 rue Hautefeuille, 75006 Paris).

31-35 rue Froidevaux, 75685 Paris cedex

Le Code de la propriété intellectuelle n'autorisant, aux termes de l'article L. 122-5, 2° et 3° a), d'une part, que les « copies ou reproductions strictement réservées à l'usage privé du copiste et non destinées à une utilisation collective » et, d'autre part, que les analyses et les courtes citations dans un but d'exemple et d'illustration, « toute représentation ou reproduction intégrale ou partielle faite sans le consentement de l'auteur ou de ses ayants droit ou ayants cause est illicite » (art. L. 122-4).

Cette représentation ou reproduction, par quelque procédé que ce soit, constituerait donc une contrefaçon sanctionnée par les articles L. 335-2 et suivants du Code de la propriété intellectuelle.

© ÉDITIONS DALLOZ - 1996

SOMMAIRE

PRÉAMBULE : LE DROIT

PREMIÈRE PARTIE. LES ÉTUDES DE DROIT

TITRE 1. LES CURSUS

TITRE 2. LA DOCUMENTATION

DEUXIÈME PARTIE. LES DÉBOUCHÉS DU DROIT

TITRE 1. LES PROFESSIONS JUDICIAIRES

TITRE 2. LA FONCTION PUBLIQUE

TITRE 3. L'ENTREPRISE

AVANT-PROPOS

« Faire du droit »... Pourquoi ? Qu'apprend-on à la Faculté de droit ? Combien de temps faut-il étudier pour devenir avocat ou juge des enfants ? Comment choisir entre un D.E.U.G. et un D.U.T. ? Que fait exactement un notaire ? Quelles sont les carrières de l'entreprise offertes aux juristes ? Un journaliste doit-il connaître le droit ? Est-ce une bonne formation pour réussir aux concours de la fonction publique ?...

Voilà quelques-unes des questions que vous n'avez pas manqué, un jour ou l'autre, de vous poser... et qui sont restées peut-être sans réponse !

L'objectif de ce guide est précisément de vous apporter ces réponses. Plus largement, son ambition est d'offrir à tous ceux, lycéens et étudiants, qui s'interrogent sur l'enseignement du droit, une présentation de la discipline (p. 9 à 39), une information complète sur les *études* (p. 41 à 145) et des renseignements précis sur les *débouchés* (p. 147 à 240).

PRÉAMBULE : LE DROIT

APPROCHE

Qu'est-ce que le droit ?
Pour celui qui ne l'a jamais étudié, le terme évoque l'idée de justice, le cadre d'une cour d'assises, l'image du gendarme ou d'un huissier. Le droit est associé à la sanction et représenté par une balance, qui doit assurer l'équilibre des intérêts de chacun.

NOTION

De façon plus précise, le droit est conçu comme un ensemble de normes. Celles-ci sont des règles de conduite qui gouvernent la vie des hommes en société. Mais à la différence des préceptes de morale ou des règles de bienséance, les règles de droit imposent des comportements à l'observation desquels la société peut nous contraindre. Cette contrainte étatique est le critère de la règle de droit, qui se caractérise donc par sa sanction.

SANCTION

Celui qui, par exemple, ne propose pas à une personne âgée qui voyage de porter sa lourde valise ne s'expose qu'aux reproches de sa conscience ou à la réprobation de ses semblables. Ce faisant, il n'enfreint qu'une règle de courtoisie, non une règle de droit. Il échappe donc à la sanction étatique.

Alors que la personne qui a emprunté une somme d'argent à une banque, par un acte juridique de prêt, est tenu au remboursement par l'effet des règles de droit applicables au prêt d'argent. Il en résulte qu'à défaut de paiement à l'échéance, la banque pourra demander en justice la condamnation de l'emprunteur et la décision conduira, en dernière extrémité, à l'exécution forcée par la saisie des biens du débiteur, la vente aux enchères et le paiement du créancier avec le prix d'adjudication. La banque devra nécessairement avoir recours au juge, car « nul ne peut se faire justice à soi-même ». Mais le juge ordonnera à la force publique de prêter main forte pour que la sanction qu'il prononce soit exécutée. Le juge, les gendarmes, sont les agents de l'État qui assurent la sanction des règles de droit, d'où la notion de contrainte étatique.

NÉCESSITÉ

Parce que l'homme vit en société, le besoin de règles de comportement est évident. A défaut, ce serait le règne de la force. Toute société humaine est régie par des normes. Seulement, certaines sociétés ne distinguent pas entre les diverses règles de conduite : le droit se confond alors, totalement ou partiellement, avec la morale ou la religion. C'est le cas, par exemple, dans de nombreux pays musulmans où le Coran (c'est-à-dire la loi religieuse) est la source des règles de droit.

A l'inverse, dans notre société, le droit se distingue des autres systèmes normatifs (même si l'influence de la morale sur certaines règles de droit n'est pas niable). Et c'est précisément l'existence de la contrainte étatique qui permet de faire cette distinction.

DIVERSITÉ

Mais les relations sociales, régies par le droit, sont nombreuses et d'une infinie variété. D'où la multitude des règles de droit et l'extrême diversité de leur objet. Quelques exemples permettront de s'en convaincre.

A la tête de l'organisation politique, se trouve le Président de la République. Les modalités de son élection et les pouvoirs dont il dispose sont fixés par la Constitution de la Ve République (4 octobre 1958). La famille est, aujourd'hui encore, la cellule de base de l'organisation sociale. Le Code civil détermine, à ce sujet, les conditions du mariage, les droits et devoirs respectifs des époux, les cas de divorce, ses conséquences, les différentes catégories de filiation, les droits et devoirs des parents sur leurs enfants mineurs. Mais c'est dans le Code de la Santé publique qu'est prévu, depuis 1994, le régime de l'assistance médicale à la procréation.

De son côté, le Code pénal punit de peines de réclusion criminelle les auteurs de meurtres ; la même sanction est encourue par les auteurs d'assassinat depuis que la loi du 9 octobre 1981 a aboli la peine de mort.

Quant à l'article 85 du Traité de Rome du 25 mars 1957 instituant la Communauté économique européenne, il interdit les ententes entre entreprises qui ont pour effet d'empêcher ou de fausser le jeu de la concurrence à l'intérieur du Marché commun.

CLASSEMENT

Ces quelques exemples révèlent que les règles de droit sont diversifiées, à l'instar des rapports sociaux qu'elles sont destinées à régir. Cette impression de dispersion pourrait sembler un obstacle à la connaissance du phénomène juridique, si n'étaient pas opérées des classifications (Chapitre 1).

CRÉATION

En même temps, ces exemples se réfèrent à des notions voisines – constitution, code, loi, traité – qui se rapportent aux modes de création des règles de droit. Il apparaît, ainsi, que l'élaboration du droit est elle-même diversifiée. Aussi une approche du phénomène juridique serait-elle insuffisante si n'étaient pas présentées les sources du droit (Chapitre 2).

CHAPITRE 1
LES CLASSIFICATIONS DU DROIT

SUMMA DIVISIO

La connaissance du droit – donc son étude – impose des regroupements de normes, en fonction de leur objet. Plusieurs classifications peuvent être opérées. Mais la division la plus importante (« Summa divisio ») oppose le droit privé (Section 1) au droit public (Section 2). Toutefois, cette distinction est relative : il existe des droits mixtes (Section 3).

Section 1. Le droit privé

DÉFINITION

Le droit privé est l'ensemble des règles qui s'appliquent aux particuliers, c'est-à-dire aux personnes privées. Ces personnes sont d'abord les individus (appelés en droit « personnes physiques »). Ce sont aussi les groupements constitués par les individus, comme les sociétés ou les associations (appelés en droit « personnes morales »).

Des subdivisions existent, à l'intérieur du droit privé, qui permettent de distinguer les différentes branches qui s'y rattachent.

I. Le droit civil

DROIT COMMUN

La branche essentielle du droit privé est le droit civil. C'est aussi la plus ancienne : « civil » vient de

« civis » qui signifie citoyen en latin ; le droit civil vient du droit romain.

Le droit civil est le droit privé commun : il règle les rapports juridiques des particuliers lorsqu'il n'existe pas de règle spéciale prévue par d'autres branches du droit privé. Parce qu'il est le plus achevé, le droit civil offre des techniques élaborées qui sont applicables dans toutes les disciplines du droit privé.

OBJET

Le droit civil a pour objet le statut de la personne elle-même (A) et les rapports sociaux fondamentaux de cette personne avec les autres (B).

A. La personne

PERSONNALITÉ

Les individus et les groupements qu'ils constituent entre eux (associations, sociétés, syndicats) ont la personnalité juridique. Cela signifie que les personnes (physiques ou morales) sont sujets de droits et d'obligations.

INDIVIDUALISATION

Toute personne est individualisée par un nom (« raison sociale » pour une personne morale), un domicile (« siège social », pour une personne morale), une nationalité.

Le droit civil règle notamment les conditions d'attribution du nom : l'enfant peut-il porter le nom de son père et celui de sa mère ? Il détermine le domicile et le distingue de la résidence.

Il organise l'état civil, qui permet à la personne d'établir son identité.

CAPACITÉ

En principe, toute personne physique dispose de la capacité c'est-à-dire qu'elle est apte à exercer elle-même les droits dont elle est titulaire. Mais il existe des exceptions : le mineur, par exemple, c'est-à-dire l'individu qui n'a pas atteint l'âge de 18 ans, est frappé d'incapacité d'exercice. C'est son représentant qui exercera en son nom et pour son compte les droits (comme le droit de propriété) ou les actions en justice dont le mineur est titulaire. Représentent le mineur : ses parents, dans le cadre de l'autorité parentale, ou son tuteur si les parents sont décédés.

Pour les personnes morales, la capacité varie suivant la nature du groupement. Par exemple, une association simplement déclarée (donc non reconnue d'utilité publique) ne peut pas recevoir de dons.

B. Rapports fondamentaux

FAMILLE

La famille n'échappe pas au droit civil. Au contraire, tous les liens familiaux sont régis étroitement par ce droit.

Le mariage, d'abord, dont les conditions et les effets sont expressément prévus par le Code civil (qui contient la quasi-totalité des lois civiles). Le divorce, suivant les époques, a été largement autorisé (1792), puis interdit (1816), ensuite limité (1884) et enfin facilement prononcé (1975).

La filiation (légitime, naturelle ou adoptive) est régie par la loi civile dans son établissement (faut-il reconnaître l'enfant ?) comme dans ses effets (qui doit payer les études de l'enfant majeur ?).

Enfin, au décès d'une personne, les biens composant sa succession seront répartis, suivant des règles très précises, entre les différents membres de sa famille.

CONTRATS

Hors de la famille, les individus vont nouer entre eux des relations tout au long de leur vie quotidienne. Ils vont notamment passer entre eux des contrats (de vente, de location, d'assurance, de transport, etc.), comme peuvent le faire également les personnes morales (sociétés d'assurances, de transport, etc.).

Le droit civil en fixera les conditions de validité. Ainsi, le contrat passé par un incapable mineur pourra être annulé. Il en ira de même pour un contrat dont l'objet est illicite (par exemple une convention de mère-porteuse).

Un contrat valablement formé fera naître des obligations.

Le droit civil en prévoit le régime. En particulier, il permet d'engager la responsabilité juridique de celui des contractants qui n'exécute pas son obligation (par exemple, si le transporteur a perdu le colis). La responsabilité contractuelle, les conditions de sa mise en jeu, ses conséquences, sont un aspect essentiel du droit civil.

DÉLITS

Si une personne cause un dommage, volontairement (délit) ou involontairement (quasi-délit) à une autre, celle-ci peut engager la responsabilité civile (délictuelle ou quasi-délictuelle) de l'auteur du dommage pour obtenir une juste indemnisation de son préjudice. Le droit civil oblige en effet celui qui a causé le dommage à le réparer. Les accidents de la circulation en constituent l'application la plus fréquente.

BIENS

A côté de quelques droits extrapatrimoniaux (comme le droit au respect de la vie privée), il existe les droits patrimoniaux c'est-à-dire susceptibles d'être évalués en argent (comme le droit de propriété). Ces droits se trouvent dans le patrimoine, que le droit civil attribue à toute personne, physique ou morale.

Les principaux sont les droits réels (du latin « res » qui veut dire « chose ») c'est-à-dire les droits qui portent sur des choses. En termes techniques, ces droits sont appelés « BIENS » (mais le langage courant confond la chose et le droit, et désigne les choses comme étant des biens). Le droit de propriété est le droit réel essentiel. C'est un droit inviolable et sacré, dont l'usage est quotidien. Le droit civil prévoit les caractéristiques, les modes d'acquisition et les limites du droit de propriété.

II. Le droit commercial

OBJET

Le droit commercial est constitué par l'ensemble des règles qui s'appliquent aux commerçants et aux sociétés commerciales.

Dès le Moyen Age, les marchands ont élaboré des règles particulières (par exemple pour le paiement des marchandises par traite) et se sont soumis à des juridictions qui leur étaient propres, composées de marchands élus (appelés « consuls »).

AFFAIRES

Effectivement, des solutions particulières peuvent seules résoudre les problèmes spécifiques de la vie des affaires. D'où les caractères essentiels du droit commercial, qui répondent aux nécessités de l'activité commerciale :
– plus de **simplicité** : tous les moyens de preuve sont admis, là où un document écrit est obligatoire en droit civil ;
– plus de **rapidité** : la prescription est de 10 ans (et souvent plus courte) au lieu de 30 ans en droit civil ;
– plus de **sécurité** : des dispositions spéciales accentuent la protection des créanciers (comme la solidarité des co-débiteurs ou l'organisation d'une procédure collective de paiement des dettes en cas de faillite) et qui sont inconnues du droit civil ;
– plus de facilité de **crédit** : la lettre de change (ou « traite ») est largement utilisée entre commerçants, elle est facilement transmissible et escomptable.

TRIBUNAUX

Lorsque des commerçants ont un litige, des tribunaux spécialisés sont compétents pour en connaître : il s'agit des tribunaux de commerce. Leur particularité essentielle est d'être composés, non de magistrats professionnels, mais de commerçants élus par leurs pairs. Les exigences de la vie des affaires ont conduit à prévoir, devant ces tribunaux, une procédure très simple et rapide.

III. Le droit du travail

OBJET

Le droit du travail comprend l'ensemble des règles applicables aux rapports individuels (contrat de travail) et collectifs (syndicats) entre les employeurs et leurs salariés.

Contrairement à d'autres branches du droit, qui sont très anciennes (le droit civil existe depuis l'antiquité, le droit commercial depuis le Moyen Age), le droit du travail est un droit jeune dont la naissance ne date que de la fin du 19e siècle.

ÉVOLUTION

Auparavant, les relations entre employeurs et salariés relevaient du droit civil. L'idéal révolutionnaire de 1789 prônait l'individualisme et interdisait les groupements professionnels et les coalitions.

L'employé était donc seul face au patron.

Le droit du travail n'a pu naître que lorsque les travailleurs ont pu se regrouper sans crainte de sanctions :

– 1864 : suppression du délit de coalition, la grève devient licite.

– 1884 : travailleurs et employeurs peuvent former des syndicats.

Le droit du travail s'est organisé tout au long du XXᵉ siècle et a acquis sa maturité au cours des dernières décennies :
— 1950 : loi sur les conventions collectives, création du salaire minimum (S.M.I.G.).
— 1968 : loi sur l'exercice du droit syndical dans l'entreprise.
— 1982 : lois « Auroux », les salariés sont reconnus comme citoyens dans l'entreprise.

DOMAINE

Le droit du travail ne concerne que les salariés du secteur privé. Les employés de l'État ou des collectivités territoriales sont soumis au droit de la Fonction publique, qui dépend du droit administratif.

NÉGOCIATION

La très grande originalité du droit du travail est d'être un droit contractuel négocié. Pendant longtemps, la loi en a été la source principale. Puis, peu à peu, s'est mise en place une politique contractuelle.

Depuis 1982, notamment, la loi fixe le cadre de la réglementation, impose des rendez-vous obligatoires, pour négocier, mais ce sont les accords entre employeurs et salariés, par conventions de branche ou d'entreprise, qui améliorent, complètent ou adaptent la règle légale.

PRUD'HOMMES

Les litiges individuels entre employeurs et salariés relèvent de la compétence de juridictions spécialisées : les Conseils de Prud'hommes. Les conseillers prud'hommes ne sont pas des juges professionnels. Ce sont des salariés et des employeurs, élus par l'ensemble des salariés, d'un côté, l'ensemble des employeurs, de l'autre.

IV. Le droit international privé

OBJET

Les particuliers, personnes physiques ou personnes morales, peuvent se trouver impliqués dans des relations qui dépassent le cadre d'un État. Se posera alors la question de la loi applicable à ces relations. Par exemple, quel sera le régime du divorce de deux époux marocains domiciliés en France : celui de la loi marocaine ou celui de la loi française ? Le contrat de distribution conclu entre un importateur français de véhicules fabriqués par une firme allemande, et celle-ci, dépendra-t-il de la loi française ou de la loi allemande ?

ÉTRANGERS

Le plus souvent, c'est la nationalité étrangère d'une personne qui déclenche l'application du droit international privé. Les questions de nationalité seront, par conséquent, des préalables nécessaires qu'il faudra d'abord résoudre. En outre, lorsqu'un étranger veut entrer puis séjourner en France, il doit remplir des conditions d'entrée (ex : avoir un visa) et de séjour (ex : avoir un titre de séjour) qui seront fixées par le droit international privé.

Enfin, on rattache à cette branche du droit privé l'étude du contentieux international. Notamment le problème des effets en France d'un jugement (de divorce, par exemple) prononcé par le tribunal d'un pays étranger : faut-il, ou non, recommencer en France la procédure engagée à l'étranger ?

V. Le droit judiciaire privé

OBJET

Autrefois appelé la procédure civile, le droit judiciaire privé regroupe les règles relatives aux procès entre les particuliers. Il prévoit, d'abord, l'organisation et le fonctionnement des juridictions étatiques (Cf. schéma p. 38) : la composition et la compétence des juridictions, ainsi que le statut des magistrats. Il précise, ensuite, les règles de procédure qui doivent être observées par les particuliers et les auxiliaires de justice qui les assistent (c'est-à-dire les avocats) pour que soient jugées les demandes qu'ils formulent auprès des tribunaux. Il détermine, aussi, les recours (par exemple, l'appel) qui peuvent être formés quand un jugement est rendu. Enfin, lorsque la décision est définitive parce qu'il n'y a plus de recours possible, des voies d'exécution forcée (comme les saisies) peuvent être mises en œuvre.

SANCTION

Le droit judiciaire privé apparaît, ainsi, comme la sanction des autres branches du droit privé. C'est en effet par le moyen d'une action en justice que les particuliers peuvent obtenir le respect des prérogatives qui leur sont conférées par le droit civil ou le droit du travail.

Section 2. Le droit public

DÉFINITION

Le droit public regroupe les règles qui régissent l'État et les collectivités publiques, ainsi que leurs rapports avec les citoyens. Il se subdivise lui-même en plusieurs branches.

I. Le droit constitutionnel

OBJET

Le droit constitutionnel régit l'organisation politique de l'État et son fonctionnement.

Cette organisation politique est, dans nos sociétés modernes, prévue par une Constitution : république (comme en France) ou monarchie (comme au Royaume-Uni ; État unitaire (comme en France) ou État Fédéral (comme en Allemagne) ; régime parlementaire (comme au Royaume-Uni) ou régime présidentiel (comme aux États-Unis).

CONSTITUTION

Cette constitution est la règle du jeu politique. Elle organise et limite le pouvoir politique :
— organise, c'est-à-dire détermine les organes de l'État et en fixe le rôle ;
— limite le pouvoir de chaque organe à l'égard des autres et à l'égard des citoyens.

Ve RÉPUBLIQUE

La constitution actuelle de la France, entrée en vigueur le 4 octobre 1958, est celle de la Ve République. Elle donne le pouvoir législatif à un parlement composé de deux chambres, l'Assemblée Nationale et le Sénat. Elle prévoit un exécutif bicéphale réunissant le Président de la République et un Premier Ministre, à la tête du gouvernement.

A chacun de ces organes, la constitution donne un rôle. Ainsi le Gouvernement peut prendre l'initiative des lois, le Parlement les vote et le Président de la République les promulgue (c'est-à-dire les rend exécutoires). Mais la constitution limite aussi ces pouvoirs. Par exemple, l'Assemblée Nationale peut renverser le gouvernement, mais elle ne pourra le faire qu'en votant une motion de censure dans des conditions (de majorité, notamment) bien précises. Autre exemple : le Président de la République peut dissoudre l'Assemblée Nationale, mais il ne peut le faire qu'une fois au cours d'une période de douze mois.

Surtout, la constitution est pour le citoyen une garantie contre l'arbitraire. En effet, en incorporant dans son préambule la Déclaration des Droits de l'Homme et du Citoyen de 1789 et le préambuble de la Constitution de la IVe République (1946), la constitution est une garantie solennelle des libertés publiques, comme la liberté d'expression ou la liberté d'association.

II. Le droit administratif

OBJET

L'organisation politique doit être complétée par une organisation administrative des pouvoirs publics. C'est l'objet du droit administratif : il rassemble les règles organisant les collectivités publiques (État, Région, Département, Commune) comme les services publics (enseignement, santé) et régissant aussi les rapports entre ces collectivités et les particuliers.

DÉCENTRALISATION

Le droit administratif détermine les pouvoirs respectifs du maire et du conseil municipal dans la commune, des préfets et du conseil général (département) ou régional (région).

La décentralisation, dont la loi du 2 mars 1982 a marqué la première étape, a révolutionné toute cette partie du droit administratif. Ce sont désormais les Présidents du conseil général et du conseil régional qui détiennent l'exécutif dans le département et la région, les préfets n'étant plus que les représentants de l'État.

Des compétences qui relevaient de l'État ont été attribuées aux collectivités locales (aux régions, par exemple, la construction et l'entretien des lycées).

CONTRATS

Le droit administratif précise les règles applicables à l'activité de l'administration. Par exemple, les modalités de recrutement, la mission, les devoirs et la rémunération des professeurs de l'enseignement secondaire ou universitaire ; les pouvoirs conférés à la Police Nationale en vue du maintien de l'ordre ; l'établissement du plan d'occupation des sols d'une commune, etc.

Mais cette activité peut prendre la forme d'un contrat passé entre l'administration et des particuliers. Ainsi, lorsque l'administration confie à une entreprise du secteur privé l'exécution d'un service public dans le cadre d'une concession de service public (par exemple, pour la construction et l'entretien d'une autoroute), ou bien lorsque l'administration passe un marché de travaux publics avec une entreprise privée pour la construction d'un hôpital.

RECOURS

Les particuliers peuvent exercer des recours contre les actes administratifs (de révocation d'un fonctionnaire, ou de refus de délivrance d'un permis de construire, par exemple).

Ils peuvent engager aussi la responsabilité de l'administration pour un dommage causé par un fonctionnaire (par exemple, un policier) ou par un ouvrage public (par exemple, un pont qui s'effondre).

Ces recours obéissent aux règles du droit administratif (comme l'exigence du recours gracieux, préalable à tout contentieux) et dans la phase contentieuse, relèvent de la compétence des juridictions administratives (cf. schéma p. 32), qui procèdent suivant des règles particulières (ainsi, les parties doivent présenter des « mémoires » écrits ; il n'y a pas d'exécution forcée contre l'administration, etc.).

III. Le droit fiscal

OBJET

Le droit des finances publiques, ou droit fiscal, regroupe les règles relatives au budget de l'État et des collectivités locales, aux différents impôts destinés à alimenter ces budgets, aux principes qui gouvernent les dépenses publiques et aux rapports entre l'administration fiscale et les contribuables.

IMPÔTS

Il existe plusieurs catégories d'impôts. Certains sont des impôts indirects, comme la T.V.A. (taxe sur la valeur ajoutée) : l'impôt est dû à l'occasion d'un acte ayant un objet quelconque (vente, location, prestation de service).

D'autres sont des impôts directs, c'est-à-dire que leur règlement est demandé directement au contribuable et non à la suite d'une prestation. C'est le cas de l'impôt sur le revenu (pour les personnes physiques), de l'impôt sur les sociétés (pour les personnes morales), de la taxe foncière, de l'impôt de solidarité sur la fortune, etc.

CONTENTIEUX

Le droit fiscal intéressant l'État et les collectivités publiques, le contentieux fiscal relève en principe des juridictions administratives. D'où la nécessité d'une réclamation préalable auprès de l'administration fiscale, avant saisine du tribunal administratif.

IV. Le droit international public

OBJET

C'est l'ensemble des règles qui gouvernent les rapports des États entre eux, notamment par la voie des traités internationaux. Il comprend aussi les règles qui définissent l'organisation, le fonctionnement et les pouvoirs des organismes internationaux (O.N.U., en particulier) et les juridictions internationales (spécialement la Cour Internationale de Justice).

SANCTIONS

S'il est indiscutable que les règles issues des traités internationaux peuvent être qualifiées de juridiques par leur forme, en revanche la sanction de ces règles pose souvent problème. En effet les États sont souverains. Si, en conséquence, l'un d'eux ne respecte pas la loi internationale, les sanctions qui seront prononcées contre lui par les autres États pourront difficilement être appliquées par la contrainte.

EUROPE

Du droit international public peuvent être rapprochés le droit Européen, c'est-à-dire celui qui est commun aux États membres du Conseil de l'Europe et concerne les droits de l'homme ; le droit Communautaire, c'est-à-dire celui qui est commun aux États Membres de l'Union Européenne et concerne les relations commerciales. Mais le rapprochement ne vaut que pour la création et le fonctionnement des organes. Pour le droit communautaire, les règlements et directives s'appliquent dans les États contractants et, suivant leur objet, se rattachent au droit privé (en modifiant par exemple le régime des sociétés commerciales) ou au droit public (par exemple, en harmonisant les règles de la T.V.A.).

Section 3. Les droits mixtes

AMBIVALENCE

Si pour certaines branches du droit, la distinction entre droit privé et droit public semble nette (ainsi pour le droit civil ou le droit constitutionnel) il n'en va pas toujours ainsi.

En particulier depuis l'avènement de l'État providence : l'interventionnisme croissant des pouvoirs publics, au sein même des relations de droit privé, a « publicisé » le droit privé. L'exemple de la législation sur le bail (ou location) est à cet égard significative : les droits du locataire ont été considérablement accrus, au nom de l'intérêt général. Dans le même sens, le droit du travail est marqué par cette emprise des pouvoirs publics sur les rapports entre particuliers.

Il existe, de ce point de vue, un phénomène récent qui mérite d'être signalé. C'est l'apparition de nouvelles branches du droit, qui reflètent cette ambivalence : le droit des assurances, le droit de la construction, le droit de la Sécurité Sociale, le droit rural, ou le droit des transports. Ce sont les disciplines issues de différentes branches du droit privé, mais qui sont fortement imprégnées de droit public. Surtout, cette notion de « droit mixte » caractérise une branche du droit très ancienne : le droit pénal.

DROIT PÉNAL

Il comprend l'ensemble des règles qui édictent des infractions et prévoient les sanctions applicables à leurs auteurs. Le caractère mixte du droit pénal est indiscutable.

En effet, si un individu commet une infraction (par exemple un vol) il porte atteinte à l'ordre public et constitue une menace pour la société toute entière. Mais, en même temps, il cause un dommage à la personne qui était propriétaire de la chose volée.

SOCIÉTÉ

Parce qu'il a enfreint la loi et est une menace pour la société, le délinquant sera poursuivi, jugé et condamné à une peine (amende ou peine d'emprisonnement). La société sera représentée par le Ministère Public : il s'agit de magistrats (Procureur de la République, Avocat Général ou Procureur Général) qui dépendent hiérarchiquement du gouvernement. Ils reçoivent les plaintes, dirigent la police judiciaire et requièrent à l'audience l'application de peines.

PERSONNE

Mais parce qu'il a causé un dommage, le délinquant devra réparation à la victime. Et celle-ci pourra saisir de sa demande la juridiction pénale appelée à juger le délinquant. On dit que la victime se constitue « partie civile » au procès pénal. Ce sont les juridictions répressives (c'est-à-dire pénales) qui seront compétentes : or, ce sont des formations particulières des juridictions judiciaires, non des juridictions administratives (cf. schéma p. 38).

La raison en est que le droit pénal protège aussi les particuliers, car il sanctionne l'atteinte aux droits privés (par exemple, la propriété). Le droit pénal est bien un droit mixte.

CHAPITRE 2
LES SOURCES DU DROIT

VARIÉTÉ

A l'origine, les règles de droit étaient issues de la coutume, c'est-à-dire des usages. Mais la complexification des rapports sociaux a nécessité l'intervention de l'autorité publique. Celle-ci édicte, aujourd'hui, la plupart des règles de droit (Section 1). Toutefois, les tribunaux ayant pour mission d'appliquer le droit pour trancher les litiges qui leur sont soumis, interprètent les règles posées par l'autorité publique. Or, l'interprétation dite jurisprudence, est créatrice de droit (Section 2). Enfin, la coutume joue toujours un rôle, mais qui n'est plus qu'accessoire (Section 3).

Section 1. Les actes de l'autorité publique

HIÉRARCHIE

Les règles de droit édictées par les pouvoirs publics sont hiérarchisées, c'est-à-dire que les règles inférieures doivent être conformes aux règles supérieures.

Au sommet se trouve la constitution (I), puis viennent les traités (II), les lois (III), les ordonnances (IV), enfin les règlements administratifs (V).

I. La constitution

SOMMET

La constitution de la Ve République, promulguée le 4 octobre 1958, se trouve au sommet de la pyramide des textes édictant des règles de droit (cf. schéma). En effet :
– La constitution est l'œuvre de l'organe supérieur à tous les autres.

Le pouvoir constituant est exercé, soit par le peuple, directement (référendum), soit par le Congrès (réunion des deux Chambres du Parlement, Assemblée Nationale et Sénat).

– La constitution détermine les compétences des autres organes qui ont le pouvoir d'édicter des règles de droit.

– La constitution énonce, par référence à la Déclaration des Droits de l'Homme et du Citoyen du 26 août 1789, les principes fondamentaux auxquels les autres règles de droit ne peuvent pas porter atteinte.

Hiérarchie des normes

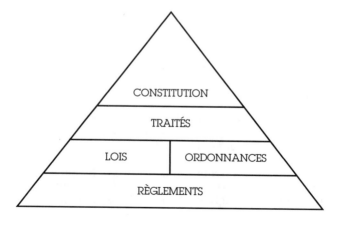

CONSEIL CONSTITUTIONNEL

Pour assurer la supériorité des règles qui ont valeur constitutionnelle, la Constitution de 1958 a créé le Conseil Constitutionnel.

C'est un organe composé de 9 membres et dont la mission est de juger la conformité à la Constitution des règles de droit émanant de l'autorité publique (traités, lois, etc.). Ce contrôle de conformité est dit « contrôle de constitutionnalité ». Il est exercé par le Conseil Constitutionnel à l'initiative du Président de la République, ou du Premier Ministre, ou des Présidents de chaque assemblée, ou de 60 députés ou 60 sénateurs. En revanche, les citoyens eux-mêmes ne peuvent pas saisir le Conseil Constitutionnel pour lui demander d'exercer ce contrôle.

II. Les traités internationaux

ACCORDS

Les traités sont des accords qui sont négociés et conclus entre deux (traités bilatéraux) ou plusieurs États (traités multilatéraux).

Ils édictent des règles de droit dont l'objet et le régime varient suivant qu'il s'agit des traités ou conventions internationales au sens large (A) ou du droit des Communautés européennes (B).

A. Les traités ou conventions

OBJET

Par traité international, la France se lie à un ou plusieurs États en vue d'établir une coopération (militaire, culturelle, etc.), de résoudre certaines difficultés (ainsi pour les conventions fiscales destinées à éviter les doubles impositions) ou d'unifier les règles de droit en vigueur (par exemple sur le chèque bancaire ou les transports internationaux).

SUPÉRIORITÉ

Les traités internationaux sont ratifiés par le Président de la République, après autorisation du Parlement. Ils sont ensuite publiés au Journal Officiel. Ils acquièrent alors, aux termes de l'article 55 de la Constitution de 1958, une autorité supérieure à celle des lois. Il en résulte que les tribunaux doivent faire prévaloir les traités, dès leur publication et écarter les lois ou règlements qui y seraient contraires.

B. Le droit communautaire

SOURCES

La Communauté économique européenne, dite « Marché Commun », est la plus connue des communautés européennes. Elle a été instituée par le Traité de Rome du 23 mars 1957, entré en vigueur le 1er janvier 1958. Les deux autres sont la Communauté européenne du charbon et de l'acier (C.E.C.A., issue du Traité de Paris du 18 avril 1951) et la Communauté européenne de l'énergie atomique (« Euratom », Traité de Rome du 23 mars 1957).

UNION

L'Union Européenne, instituée par le traité de Maastricht de 1991, est entrée en vigueur le 1er janvier 1993. Elle n'abolit pas les Communautés mais les englobe dans un ensemble plus vaste. Elle prévoit la coopération des États membres dans les domaines de la politique étrangère, de la défense, de la police et de la justice.

QUINZE

Cette Union dite « Europe des 15 » est composée des pays suivants : Allemagne, Autriche, Belgique, Danemark, Espagne, Finlande, France, Grèce, Irlande, Italie, Luxembourg, Pays-Bas, Portugal, Royaume-

Uni de Grande-Bretagne et d'Irlande du Nord et Suède.

NORMES

Les règles communautaires sont d'abord celles contenues dans les traités. Mais ceux-ci ont prévu que les organes des communautés européennes (Conseil des Ministres – qui représente les gouvernements – et Commission – qui est organe d'exécution) édictent :
– des règlements : textes de portée générale, obligatoires et directement applicables dans tout État membre ;
– des directives : textes qui s'imposent aux États membres quant au résultat à atteindre, tout en laissant à chaque État le choix de la mise en œuvre.

PRIMAUTÉ

Le droit communautaire se trouve, par l'effet des traités constitutifs, intégré dans l'ordre juridique de chaque État membre. Mais en cas de conflit avec les règles de droit interne, la Cour de Justice des Communautés européennes a affirmé la primauté des règles communautaires.

III. Les lois

NOTION

On appelle « loi » la règle de droit émanant du Parlement, qui exerce le pouvoir législatif. La loi est votée par l'Assemblée Nationale et le Sénat. Puis elle est promulguée par le Président de la République, chef de l'exécutif. La promulgation est l'ordre d'exécuter la loi.
Son entrée en vigueur est toutefois subordonnée à la publication du texte au Journal Officiel.
Souvent, les lois qui interviennent dans une même branche du droit (par exemple le droit civil) sont rassemblées en un Code (par exemple le Code Civil).

DOMAINE

L'article 34 de la Constitution du 4 octobre 1958 énumère les matières réservées à la loi. Une distinction est opérée par le texte entre :
– les matières qui sont entièrement du domaine de la loi (ainsi, les libertés publiques, le droit des personnes, la justice criminelle, les impôts, etc.) ;
– les matières qui sont du domaine de la loi pour la seule détermination des principes fondamentaux (ainsi, la Défense nationale, le régime des collectivités locales, l'enseignement, le droit du travail, etc.).

AUTORITÉ

Dans son domaine, la loi est souveraine. Elle doit, cependant, respecter les traités internationaux et la Constitution. Au cas contraire, le Conseil Constitutionnel pourrait empêcher la promulgation de la loi.

Mais ce contrôle de constitutionnalité est seulement préventif. Si la loi votée par le Parlement n'a pas été soumise au Conseil Constitutionnel avant sa promulgation, elle est obligatoire après publication au Journal Officiel et s'impose à tous.

Il en résulte qu'à l'occasion d'un litige particulier un tribunal ne pourrait écarter une loi au motif qu'elle serait contraire à la Constitution. Mais cette mise à l'écart peut être prononcée en cas de contrariété de la loi avec un traité international.

IV. Les ordonnances

NOTION

Suivant l'article 38 de la Constitution du 4 octobre 1958, le Gouvernement peut, pour l'exécution de son programme et pendant une durée limitée, demander au Parlement l'autorisation de prendre des mesures qui sont normalement du domaine de la loi.

HYBRIDE

L'ordonnance est une règle de nature hybride, puisqu'elle émane du pouvoir exécutif, comme les règlements, mais intervient dans le domaine législatif, comme la loi.

AUTORITÉ

L'autorité de l'ordonnance est celle d'un règlement tant que le Parlement ne l'a pas ratifiée par une loi.

Après ratification, l'ordonnance acquiert valeur législative.

V. Les règlements

NOTION

Les règlements sont les actes du pouvoir exécutif édictant des règles de droit. Ce sont, par ordre de valeur décroissante, les décrets du Président de la République ou du Premier ministre, les arrêtés ministériels, préfectoraux et municipaux. Ils ne sont obligatoires qu'après publication.

Certains actes du pouvoir exécutif ne sont pas des règlements : ce sont des actes individuels (comme la nomination d'un fonctionnaire ou la délivrance d'un permis de construire). Le règlement a, comme la loi, une portée générale et un caractère impersonnel. Il est parfois codifié.

DOMAINE

Selon l'article 37 de la Constitution du 4 octobre 1958, les matières autres que celles qui sont du domaine de la loi ont un caractère réglementaire. Il s'agit, alors, de règlements autonomes (ainsi, en matière de contraventions).

Toutefois, même dans les matières législatives, le pouvoir exécutif doit édicter des règlements en vue d'assurer, par la précision des modalités d'application, l'exécution de la loi. On parle alors de règlements d'application.

AUTORITÉ

Tout règlement est subordonné aux normes supérieures dans la hiérarchie des textes. Ainsi, un décret ne peut pas être contraire à la Constitution, pas plus qu'un arrêté municipal ne peut contredire un arrêté ministériel ou préfectoral.

Pour assurer le respect de cette hiérarchie, les citoyens peuvent exercer devant le Conseil d'État le recours pour excès de pouvoir, afin de faire annuler un règlement irrégulier.

En outre, à l'occasion d'un procès déterminé, un plaideur peut toujours invoquer l'exception d'illégalité, en vue de faire écarter, en l'espèce, un règlement irrégulier qui n'aurait pas été annulé.

Section 2. La jurisprudence

DÉFINITION

Au sens large, la jurisprudence est l'ensemble des décisions rendues par les tribunaux (v. schéma de l'organisation judiciaire). Mais, en tant que source de droit, on entend par jurisprudence l'interprétation donnée, d'un acte de l'autorité publique, par la Cour de Cassation (en droit privé) ou le Conseil d'État (en droit public). Cette interprétation devient indissociable de la loi ou du règlement parce qu'elle en donne la signification effective.

EXEMPLES

Le Code Civil dispose que le vendeur (par exemple d'une automobile) est responsable si la chose vendue est affectée d'un vice (par exemple la défectuosité du freinage). Mais il ne dit pas si le vendeur peut échapper à cette responsabilité par une clause de non-garantie. La Cour de Cassation a jugé que le vendeur professionnel (par exemple un garagiste) ne pouvait pas écarter cette responsabilité, alors que le vendeur non professionnel (comme le particulier qui vend son propre véhicule) le pouvait.

De même, une loi du 30 juin 1881 pose le principe que « les réunions publiques sont libres ». Mais le Conseil d'État décide que l'Administration a le pouvoir d'interdire une réunion publique s'il y a risque de troubles graves, qui empêcheraient le maintien de l'ordre public. Pourtant, cette possibilité d'interdiction n'est pas prévue par le législateur.

CRÉATION

La jurisprudence est une source de droit, car l'acte de l'autorité publique sera interprété et appliqué avec le sens qui lui a été donné par les juges.

Or, très souvent, et parce qu'elle a un caractère général, la loi est rédigée en termes vagues. Ainsi, quand elle se réfère aux notions de « faute », de « bonne foi », « d'ordre public », etc. La signification de la règle sera, en fait, précisée par les juridictions qui auront à l'appliquer et les citoyens se référeront, ensuite, à l'interprétation consacrée par la Cour de Cassation ou le Conseil d'État.

LIMITES

Cette source de droit souffre toutefois d'une double infériorité par rapport à l'acte de l'autorité publique.

D'une part, les juges ne connaissent que des problèmes juridiques qui leur sont soumis. Beaucoup leur échappent, si bien que le sens de certaines lois peut rester obscur. Il faut, en effet, qu'une personne saisisse un tribunal et fasse un procès pour que l'acte en question fasse l'objet d'une interprétation.

D'autre part, le Parlement et le Gouvernement peuvent toujours anéantir l'interprétation qu'ils estimeraient inacceptable d'un texte. Il leur suffit de voter une loi ou d'édicter un règlement contraire à la règle jurisprudentielle.

Organisation judiciaire

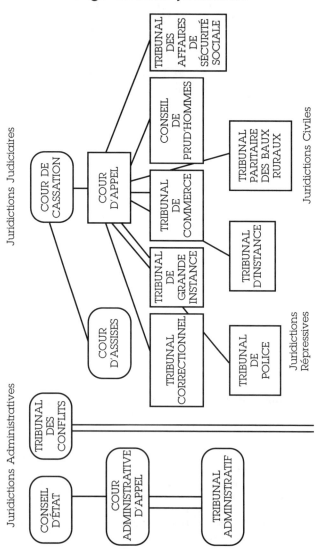

Section 3. La coutume

USAGES

La coutume est issue des usages. Elle s'en distingue par le fait qu'elle est juridiquement obligatoire. Cela suppose un usage relativement ancien, répandu dans une région ou une profession, suivi habituellement et, surtout, considéré comme exprimant une règle obligatoire. Donc celui qui ne respecte pas la coutume sera sanctionné.

EXEMPLES

– L'enfant légitime porte le nom de son père.
– Le propriétaire d'un terrain ne doit pas planter d'arbres à l'extrême limite de son fonds. Il doit respecter une distance qui est fixée, à défaut d'arrêté municipal, par la coutume locale.
– Pour prouver que l'on est héritier d'une personne défunte, on présente un acte de notoriété, dressé suivant des usages très anciens par les notaires.
– Le transport de marchandises par mer doit obéir, au départ, aux usages du port d'expédition et, à l'arrivée, aux usages du port de destination.
– Les règles de fonctionnement des comptes courants sont issues des usages bancaires.

VALEUR

Lorsqu'elle existe, la règle coutumière s'impose avec la même force que la règle légale. Aussi, celui qui planterait à une distance inférieure à celle que prescrit la coutume locale sera sanctionné.

RÔLE

La place de la coutume, aujourd'hui, est réduite. L'évolution rapide des relations sociales est inconciliable avec le temps nécessaire à la formation d'un usage. La coutume joue toutefois un rôle non négligeable dans la pratique des affaires (ainsi les usages portuaires ou bancaires) notamment dans le commerce international.

PREMIÈRE PARTIE
LES ÉTUDES DE DROIT

Étudier le droit, c'est d'abord suivre les cours et participer aux travaux dirigés. Mais ces enseignements sont multiples et varient suivant les cycles, qui sont organisés de façon cohérente dans le cadre de diplômes (D.E.U.G., Licence, Magistère, etc.) dont la finalité est plus ou moins professionnalisée. D'où l'intérêt de connaître les **cursus** (Titre 1).

Étudier le droit, c'est aussi lire des ouvrages (traités, manuels, revues, répertoires, etc.) qui aident à mieux comprendre le cours et permettent d'exercer son esprit critique. Mais ces publications sont extrêmement nombreuses et leur genre très différent. Or, l'étudiant doit savoir se repérer afin d'utiliser toujours l'ouvrage qui convient. D'où l'intérêt de connaître la **documentation** (Titre 2).

Titre 1
Les cursus

SUPÉRIEUR

L'enseignement supérieur du droit mène à des diplômes d'une grande diversité. Les études qui y préparent n'ont donc pas un contenu identique. Le trait dominant du déroulement des études de droit est la division en trois cycles. A chacun d'eux sera consacré un chapitre.

Mais l'enseignement supérieur du droit n'est pas ouvert à tous. Il faut remplir certaines conditions. C'est pourquoi il importe de décrire, dans une section préliminaire, les voies d'accès aux études juridiques.

L'ensemble n'est, toutefois, compréhensible que si toute confusion de terminologie est évitée. D'où la nécessité de définir d'abord certaines notions essentielles.

UNIVERSITÉ

La loi n° 84-52 du 26 janvier 1984, sur l'enseignement supérieur, définit les universités comme étant des « établissements publics à caractère scientifique, culturel et professionnel ».

Chaque université est administrée par trois conseils, sous l'autorité d'un président. Elle dispose d'une autonomie financière et de gestion.

Une université est implantée dans les villes d'une certaine importance (Université de Tours, Limoges, Rouen, Caen, Amiens...). Certaines grandes villes possèdent plusieurs universités (Paris, Lyon, Bordeaux, Toulouse...). Dans ce cas, chaque université est désignée par le nom de la ville suivi d'un chiffre (Université de Paris I, Paris II,... Lyon III, Toulouse I...), ou par le nom d'un personnage célèbre (comme l'Université Jean Moulin - Lyon III ...).

U.F.R.

Suivant la loi du 26 janvier 1984, sur l'enseignement supérieur, chaque université regroupe diverses composantes, parmi lesquelles un certain nombre d'unités de formation et de recherche (U.F.R.), gérées par un conseil : U.F.R. de Médecine, de Pharmacie, de Sciences, de Lettres, de Droit, de Sciences économiques... « Unité de formation et de recherche » est la nouvelle dénomination donnée aux facultés par la loi de 1984. Mais comme liberté a été laissée aux conseils d'U.F.R., de choisir l'appellation qu'ils voulaient donner à leur unité d'enseignement, un certain nombre ont repris le terme de faculté et leur directeur, le titre de Doyen.

I.U.T.

Les Instituts Universitaires de Technologie sont des établissements d'enseignement supérieur indépendants. Le chef d'établissement est un directeur assisté d'un conseil d'administration. Ils sont divisés en départements, correspondant chacun à une discipline scientifique. Par exemple : Département « Mesures physiques », « Génie électrique », « Techniques de commercialisation », « Carrières juridiques »...

DIPLÔMES

Par ailleurs une distinction importante doit être connue à propos des diplômes qui sont délivrés :

certains sont dits « diplômes nationaux », d'autres « diplômes d'université ».

DIPLÔMES NATIONAUX

Les diplômes nationaux, dont la liste est fixée par décret, sont l'objet d'une réglementation nationale. Une certaine autonomie est toutefois laissée aux universités dans la répartition des matières mais à l'intérieur d'un cadre commun fixé par les textes.

La même valeur est donc reconnue aux diplômes nationaux quelle que soit l'université qui les délivre. Ceci présente pour l'étudiant titulaire d'un diplôme national un réel intérêt, sur le plan des débouchés professionnels, car il n'y aura pas de distinction entre des candidats titulaires d'un même diplôme. Mais le caractère national d'un diplôme présente un autre avantage. Au cours de ses études, en effet, un étudiant pourra changer d'université : c'est ainsi que le titulaire d'un D.E.U.G. (voir p. 51) obtenu dans une université pourra s'inscrire en licence dans une autre université ; de même que le titulaire d'une licence (voir p. 69) obtenue dans un établissement pourra s'inscrire en maîtrise (voir p. 75) dans un autre établissement.

DIPLÔMES D'UNIVERSITÉ

Les diplômes d'université sont organisés sous l'autorité propre des universités, qui fixent alors librement leur contenu. Mais ils ne peuvent pas porter la même dénomination que les diplômes nationaux. Ils sont le plus souvent axés sur un enseignement à dominante professionnelle. Leur valeur est donc celle qui leur est reconnue par les milieux professionnels eux-mêmes, particulièrement dans un cadre régional.

La signification de ces termes étant précisée, il faut envisager à présent les possibilités d'accès aux études juridiques.

Section préliminaire.
L'accès aux études supérieures de droit

BAC

Qui peut s'inscrire à l'université pour suivre des études de droit ? Est-il nécessaire d'être titulaire d'un baccalauréat ?

A ces questions, il faut répondre qu'en principe le baccalauréat est exigé pour s'inscrire en 1er cycle (I). Toutefois, par exception, l'accès aux études de droit est ouvert à ceux qui ne sont pas titulaires du baccalauréat. Il en est ainsi pour les candidats ayant obtenu le diplôme d'accès aux études universitaires : D.A.E.U. (II). Par ailleurs, « les études, les expériences professionnelles et les acquis personnels peuvent être validés » au terme d'une procédure prévue par un décret paru en 1985 en vue de l'accès à une formation universitaire supérieure (III). Enfin la capacité en droit – cycle d'études juridiques auquel l'accès n'est soumis à aucune condition – permet à son titulaire de s'inscrire en 1er cycle (IV).

I. Le baccalauréat

SÉRIES

En principe l'obtention du baccalauréat du second degré ou du baccalauréat de technicien - sans distinction de série – permet à son titulaire de s'inscrire en 1er cycle.

Cela étant, le bachelier qui veut entreprendre des études juridiques se pose souvent deux questions :
– l'une concerne la relation entre la série dans laquelle le baccalauréat a été obtenu et les chances de succès dans les études juridiques ;
– l'autre concerne la détermination, au plan géographique, de l'établissement où le futur étudiant doit s'inscrire.

A. Succès

Quant aux chances de succès du candidat, en fonction de la série du baccalauréat obtenu, il faut bien dire que si les études juridiques sont ouvertes à tous les titulaires du baccalauréat, quelle qu'en soit la série, leurs chances de succès sont inégales. Parmi les inscrits en 1re année de D.E.U.G. mention droit on découvre une large majorité d'étudiants titulaires d'un Bac B, désormais Bac E.S. (Sciences Économiques et Sociales) puis en nombre décroissant, des titulaires d'un Bac G, désormais S.T.T. (Sciences et Technologies Tertiaires) et enfin d'un Bac A désormais L (Littéraire). Il semble bien que les études juridiques soient (avec celles de sciences économiques) la voie la plus couramment suivie par les titulaires d'un Bac B (E.S.) et celle dans laquelle ces étudiants enregistrent le plus de succès (comme en témoignent les résultats aux examens de maîtrise). En revanche il est à noter que les étudiants titulaires d'un Bac G (S.T.T.) rencontrent assez fréquemment des difficultés au cours de leurs études, ce qui explique leur nombre comparativement restreint en maîtrise. Leurs chances de succès sont sans doute mieux assurées dans les cycles courts d'études, comme les études dispensées dans les I.U.T. (probablement en raison d'un cadre plus proche de celui connu antérieurement dans l'enseignement secondaire). En somme, un baccalauréat du second degré offre plus d'atouts pour réussir qu'un baccalauréat de technicien.

B. Liberté

Quant à la détermination du lieu d'inscription, le principe est le droit reconnu à tout étudiant de s'inscrire dans l'université de son choix.

A ce propos, le Conseil d'État a même rappelé, le 27 juillet 1990, qu'un président d'université ne pouvait refuser l'inscription d'un étudiant sur des critères d'ordre qualitatif. Seule une référence à un critère quantitatif est admise. C'est ce qui explique « la course aux inscriptions » dans les universités parisiennes (faute de places en nombre suffisant, seuls les premiers sont inscrits).

Enfin, il faut rappeler aux bacheliers candidats à des études de droit qu'en règle générale, le retrait des dossiers auprès de l'université choisie se fait dès que les résultats du baccalauréat sont connus.

II - Le diplôme d'accès aux études universitaires (D.A.E.U.).

NON-BACHELIERS

Ce diplôme, délivré par les universités, ne peut être accordé qu'aux étudiants ne justifiant pas du baccalauréat (ou d'un titre admis en dispense) et ne bénéficiant pas de la procédure de validation des acquis (voir p. 50).

Sont admis à s'inscrire à l'université en vue de l'obtention de ce diplôme les candidats :

1) ayant interrompu leurs études initiales depuis deux ans au moins ;

2) et étant :

a) soit âgé de 20 ans au moins au 1er octobre de l'année de délivrance du diplôme et justifiant à cette date de deux années d'activité professionnelle, à temps plein ou à temps partiel, ayant donné lieu à cotisation à la sécurité sociale. Sont assimilés à une activité professionnelle :

– le service national ;

– toute période consacrée à l'éducation d'un enfant ;

– l'inscription à l'A.N.P.E. ;

– la participation à une formation professionnelle destinée aux jeunes à la recherche d'un emploi ou d'une qualification ;

– l'exercice d'une activité sportive de haut niveau.

b) soit âgé de 24 ans au moins au 1er octobre de l'année de délivrance du diplôme.

FORMATION

Un entretien avec un enseignant de l'université destiné à orienter le candidat en fonction de ses capacités a lieu préalablement à l'inscription à la formation.

Le diplôme est délivré après une année de formation correspondant à un horaire de 225 heures d'enseignement au minimum.

Un contrôle continu peut être organisé et être pris en compte pour l'obtention du diplôme.

ADMISSION

Le diplôme, délivré après un examen, permet d'évaluer les connaissances et la culture générale mais aussi les méthodes et les savoir-faire des candidats en fonction des exigences requises pour la poursuite d'études supérieures.

Le candidat à la poursuite d'études à dominante juridique doit obtenir le D.A.E.U. option A qui comporte :

– une épreuve de français ;

– une épreuve de langue vivante, et deux épreuves choisies par le candidat (histoire contemporaine, géographie, mathématiques ...).

Ce diplôme peut être présenté sous forme d'un examen final ou sous forme de modules capitalisables.

Pour être admis le candidat doit :

– dans le cas de l'examen final obtenir une note moyenne au moins égale à 10 sur 20 à l'ensemble des épreuves ;

– dans le cas des modules capitalisables obtenir une note au moins égale à 10 sur 20 à chacune des épreuves. Ce qui renforce évidemment la difficulté.

En fait, peu d'étudiants semblent avoir accès à l'université en utilisant cette voie.

III. La validation des études, expériences professionnelles ou acquis personnels

EXPÉRIENCE

« Les études, les expériences professionnelles et les acquis personnels peuvent être validés en vue de l'accès aux différents niveaux de formations post-baccalauréat dispensées par un établissement relevant du ministère de l'éducation nationale ».

Peuvent demander à bénéficier de cette procédure :
– les candidats non titulaires du baccalauréat (ou d'un titre admis en dispense) ;
– qui ont interrompu leurs études initiales depuis au moins 2 ans ;
– et qui seront âgés de 20 ans au moins à la date prévue pour la reprise de leurs études.

Un dossier de demande de validation est présenté par le candidat auprès de l'établissement dispensant la formation qu'il souhaite suivre.

Peuvent être validées :
– toute formation suivie par le candidat dans un établissement public ou privé (quels qu'en aient été les modalités, la durée et le mode de sanction) ;
– l'expérience professionnelle acquise au cours d'une activité salariée ou non, ou d'un stage ;
– les connaissances et les aptitudes acquises hors de tout système de formation.

VALIDATION

La procédure de validation a pour but de permettre « d'apprécier les connaissances, les méthodes et le savoir-faire du candidat en fonction de la formation qu'il souhaite suivre ». Les candidats, après un examen de leur dossier qui est éventuellement accompagné d'un entretien, sont autorisés à passer les épreuves de vérification des connaissances (mais des dispenses totales ou partielles de ces épreuves peuvent être accordées).

La décision de validation est prise par le Président de l'université ou le Directeur de l'établissement sur proposition d'une commission pédagogique (composée essentiellement d'enseignants) et elle peut être assortie de propositions ou de conseils. Lorsqu'il s'agit d'une demande d'inscription en première année de premier cycle, il peut être demandé au candidat qui ne serait pas admis une mise à niveau sanctionnée par un examen.

IV. La capacité en droit

NATIONAL

Le certificat de capacité en droit est un diplôme national (définition p. 38) qui sanctionne deux années études universitaires.

LIBERTÉ

L'accès à ce diplôme de « promotion sociale » est libre. Aucune condition préalable de titre, d'examen ou de test n'est imposée. Il suffit d'être âgé de 17 ans au 1er novembre de l'année d'inscription.

Or, tout titulaire de la capacité en droit peut s'inscrire en première année de premier cycle d'études de droit. La capacité en droit constitue donc, d'une part une formation universitaire autonome, d'autre part un moyen d'accès aux études supérieures juridiques.

Il faut envisager le déroulement des études puis les débouchés de ce diplôme.

A. Études

SOIR

Afin de permettre aux personnes déjà engagées dans la vie professionnelle d'assister aux cours, les enseignements sont en principe dispensés le soir ou le samedi matin. Il s'agit de cours magistraux, quelquefois complétés par des travaux dirigés (la non-assistance aux cours et éventuellement aux travaux dirigés n'est pas sanctionnée). Seuls les étudiants inscrits en deuxième année bénéficient du « régime étudiant » (régime de sécurité sociale, accès aux restaurants universitaires...).

INITIATION

1) La première année d'études comprend un enseignement de droit privé (droit civil et droit commercial) de 120 heures et un enseignement de droit public (droit constitutionnel, droit administratif et droit financier) de 60 heures, soit un enseignement hebdomadaire d'environ 7 heures.

A l'issue de cette première année, un examen terminal comporte deux épreuves écrites portant l'une sur le droit public et l'autre sur le droit privé, d'une durée chacune de 3 heures. Et en cas de succès aux épreuves écrites, trois interrogations orales : une de droit public et deux de droit privé (l'une en matière civile, l'autre en matière commerciale).

2) Le programme de la seconde année est plus diversifié. Chaque matière donne lieu à un enseignement de 30 heures par an. Quatre matières sont obligatoires :

– procédure civile et voies d'exécution ;
– droit pénal et procédure pénale ;
– économie politique ;
– droit administratif spécial.

Deux autres sont choisies par l'étudiant parmi des matières à option qui peuvent varier selon les U.F.R. Par exemple : droit privé notarial, droit social, droit commercial, droit rural.

Les épreuves écrites (d'une durée chacune de 3 heures) de l'examen de seconde année portent sur deux matières choisies par le candidat, lors de l'inscription à l'examen, parmi celles enseignées. Les épreuves orales, pour les étudiants déclarés admissibles, portent sur les quatre autres matières retenues par le candidat.

SESSIONS

Tant pour l'examen de fin de première année que pour celui de fin de seconde année, deux sessions sont organisées : l'une en mai-juin, l'autre en septembre-octobre. L'admissibilité aux épreuves orales obtenue à la première session est conservée pour la seconde session en cas d'échec à l'oral.

Sauf dispense exceptionnelle, accordée par le Président de l'université, un candidat ne peut être admis à se présenter plus de 4 fois à chaque examen. Le nombre des échecs, à la fin de la première année, est très élevé. Parmi les causes de ces échecs il faut citer d'une part le fait que la préparation de ce diplôme requiert un travail personnel sérieux, exigeant une certaine disponibilité qui n'est pas toujours possible pour les étudiants salariés et d'autre part le fait qu'aucun niveau scolaire minimum n'étant exigé pour l'inscription en capacité, beaucoup d'étudiants ont de grandes difficultés pour suivre les cours et assimiler les connaissances requises.

B. Débouchés

Le certificat de capacité en droit offre à son titulaire plusieurs possibilités. Il peut :

– avoir accès à certaines professions du secteur juridique ou judiciaire ;

– se présenter à un certain nombre de concours administratifs ;

– envisager la poursuite d'études supérieures.

COLLABORATEUR

1) Les professions du secteur juridique ou judiciaire.

Le certificat de capacité en droit peut permettre à son titulaire, qui devra alors compléter ses connaissances par une formation juridique plus spécialisée, d'accéder aux professions telles que clerc d'huissier (voir p. 167), clerc de notaire (voir p. 170), clerc de commissaire-priseur.

CATÉGORIE B

2) Les concours administratifs.

Le certificat de capacité en droit permet l'accès aux concours de la fonction publique de catégorie B (accessibles aux titulaires du baccalauréat). Pour n'en citer que quelques-uns :
– greffier, contrôleur des impôts, du trésor, contrôleur du travail, inspecteur de police (voir sur les carrières de la fonction publique, p. 177).

D.E.U.G.

3) La poursuite d'études supérieures.

Suivant un décret du 24 août 1987, tout titulaire du certificat de capacité en droit peut s'inscrire en première année de D.E.U.G. - mention Droit (voir p. 57).

Ce même décret permet aux titulaires du certificat de capacité en droit ayant obtenu une note moyenne au moins égale à 15 sur 20 à l'ensemble des deux examens de ce certificat de s'inscrire directement en deuxième année en vue de l'obtention du D.E.U.G. - mention Droit.

D.U.T.

Le titulaire du certificat de capacité en droit peut également poser sa candidature à l'entrée dans un Institut Universitaire de Technologie (I.U.T.), en vue d'obtenir un Diplôme Universitaire de Technologie (D.U.T.) (voir p. 69).

Le dossier de candidature fait ensuite l'objet d'un examen par un jury d'admission. Sont particulièrement intéressants pour les titulaires de la capacité en droit, les D.U.T. mention « Carrières Juridiques » ou « Gestion des Entreprises et des Administrations ».

INSTITUTS

L'accès à certains instituts est également possible. Tels :
– les instituts d'études politiques (I.E.P.) pour lesquels les titulaires d'un diplôme équivalent au baccalauréat peuvent solliciter leur admission en année préparatoire. Chaque I.E.P. met en place sa propre procédure de sélection, dont il ne faut pas sous-estimer la difficulté, et il est donc nécessaire de se renseigner auprès de l'institut concerné ;
– les instituts de criminologie ;
– l'Institut de droit comparé ;
– un certain nombre d'instituts privés.

CHAPITRE 1
LE PREMIER CYCLE DES ÉTUDES DE DROIT

Le premier cycle des études de droit comprend d'une part des études juridiques générales (section 1) et d'autre part des études juridiques spéciales (section 2).

Section 1. Les filières juridiques générales

D.E.U.G.

Ces études juridiques générales consistent dans la préparation d'un diplôme d'études universitaires générales (D.E.U.G.) - mention Droit. Il s'agit d'un diplôme national (voir p. 45) sanctionnant deux années d'études constituant le premier cycle universitaire, qui est dit « cycle pluridisciplinaire de formation générale et d'orientation ». Le D.E.U.G. - mention Droit sanctionne « une formation pluridisciplinaire à dominante juridique ».

Seront envisagés successivement les conditions d'accès (I), l'organisation et le contenu des études (II) et enfin les débouchés du D.E.U.G. (III).

I. Conditions d'accès

RAPPEL

L'accès aux études de droit a été précédemment décrit (voir section préliminaire p. 46), il faut ici

seulement rappeler que l'accès en première année de D.E.U.G. – mention Droit est ouvert :
– aux titulaires d'un baccalauréat quelle qu'en soit la série (voir p. 46) ;
– aux titulaires de la capacité en droit (voir p. 45) ;
– aux titulaires du diplôme d'accès aux études universitaires : D.A.E.U. (voir p. 42).

L'admission en deuxième année est directement ouverte :
– aux titulaires d'un D.U.T. « Carrières juridiques » (voir p. 69) qui peuvent se voir accorder par l'université une inscription en deuxième année. Certaines universités exigent la présentation d'un avis favorable donné par le Directeur de l'I.U.T. d'où est issu l'étudiant ;
– aux titulaires du certificat de capacité en droit, obtenu dans certaines conditions (voir p. 54).

L'accès en première ou deuxième année peut être obtenu grâce à la procédure de « Validation des études, expériences professionnelles ou acquis personnels » (voir p. 50).

II. Les études

PROGRAMME

Les études sont réparties sur deux années universitaires et le volume horaire total d'enseignement de ces deux années est au moins égal a 1 000 heures.

A. Le contenu de l'enseignement

1) 60 % au moins de la durée des enseignements du D.E.U.G. portent sur les matières suivantes :
– droit civil ;
– droit constitutionnel ;
– droit administratif ;
– droit pénal et sciences criminelles ;
– relations internationales ;
– institutions européennes ;

- histoire du droit et histoire des institutions ;
- finances publiques ;
- science politique ;
- sciences économiques ;

2) des enseignements et la pratique d'au moins une langue vivante étrangère ;

3) des enseignements optionnels choisis par l'étudiant sur une liste définie par l'établissement. Il s'agit le plus souvent de matières telles que :
- problèmes économiques contemporains ;
- droit des affaires ;
- institutions judiciaires ;
- initiation à la gestion ;
- histoire des idées politiques, économiques et sociales.

La répartition des matières peut varier entre la première et la deuxième année d'une U.F.R. à une autre.

Pratiquement un étudiant de première ou deuxième année aura environ 20 heures d'enseignement par semaine qui seront réparties en cours magistraux et en travaux dirigés.

B. Les méthodes d'enseignement

MAGISTRAL

1) Les cours magistraux sont dispensés par des professeurs ou des maîtres de conférences. Ils exposent le contenu de la matière enseignée et font part de leurs conceptions personnelles.

Ces cours se déroulent dans un amphithéâtre, devant un nombre considérable d'étudiants (500 étant un chiffre habituel, il est dépassé dans quelques grandes universités).

La présence aux cours magistraux n'est pas obligatoire, mais elle est vivement recommandée. C'est là, en effet, que l'étudiant va entendre l'explication des difficultés que présente la matière enseignée, ainsi que la proposition de solutions. Il pourra, par la suite, apprendre plus facilement grâce aux notes prises pendant le cours et sera incité à exercer sa réflexion.

DIRIGÉS

2) Les travaux dirigés sont organisés sous forme de séances (d'une heure et demie) regroupant chaque semaine de 30 à 40 étudiants. Ils se rapportent à quelques matières choisies par l'étudiant (deux, le plus souvent), parmi les matières fondamentales. Ils constituent un approfondissement et une illustration pratique du cours magistral.

La participation aux séances de travaux dirigés est obligatoire. Le cadre des travaux dirigés est le lieu où les étudiants vont s'entraîner à l'expression orale de leurs connaissances et de leurs recherches sur un thème donné. Cet exercice est formateur dans la mesure où cela doit permettre l'acquisition d'une terminologie juridique correcte, ainsi que favoriser l'entraînement à la prise de parole en public (si souvent utile au juriste professionnel !). C'est aussi le lieu de l'initiation aux exercices pratiques écrits tels que résumés et commentaires de décisions de justice (jugements et arrêts), consultations, commentaires de textes. Ces exercices (surtout le commentaire d'arrêt) sont souvent redoutés des étudiants. Mais ils doivent être rassurés, dans la mesure où les travaux dirigés ont précisément pour but de leur permettre d'assimiler la méthodologie indispensable (sur ces points se reporter aussi aux ouvrages de méthode présentés p. 133).

C. Le contrôle des connaissances

CONTINU

Un contrôle continu est organisé dans les matières faisant l'objet de travaux dirigés. Il est pris en compte pour le passage en 2e année ou pour la délivrance du D.E.U.G. Il s'agit de la notation d'interrogations orales, d'interventions spontanées et surtout d'épreuves écrites (souvent désignées sous le nom de partiel).

TERMINAL

L'examen de fin d'année comporte en général deux sessions. Il comprend d'abord des épreuves écrites, déterminant l'admissibilité. Elles portent, au moins, sur les matières dans lesquelles des travaux dirigés ont été suivis. Sont ensuite prévues des épreuves orales, qui portent sur les autres matières et qui déterminent l'admission.

Les modalités du contrôle continu et de l'examen sont définies dans le cadre de chaque U.F.R.

Le D.E.U.G. est délivré à la fin de la seconde année.

MODULES

Le système ci-dessus décrit peut être amené à subir certaines adaptations en cas de mise en place pour la 1re année de D.E.U.G. du système dit des modules.

Les enseignements sont alors regroupés sous forme de modules capitalisables (6 modules) c'est-à-dire définitivement acquis, après contrôle des connaissances.

Le passage en deuxième année suppose d'une part l'obtention de la moyenne compensée entre les modules fondamentaux constitués d'enseignements de droit civil et de droit constitutionnel et d'autre part l'obtention de la moyenne générale compensée entre tous les modules.

La mise en place de cette « modularisation » peut être reportée pour les filières juridiques et pour les universités qui le souhaitent jusqu'à la rentrée universitaire 1997.

REDOUBLEMENT

Sauf dérogation, accordée par le Président de l'Université (et semble-t-il de plus en plus exceptionnellement) un étudiant ne peut être autorisé à prendre plus de trois inscriptions annuelles en premier cycle ce qui signifie qu'un seul redoublement au cours des deux années est possible.

SALARIÉS

Les étudiants salariés peuvent, en général, bénéficier d'un régime spécial qui se caractérise le plus souvent par l'obligation de ne participer qu'à un nombre réduit de séances de travaux dirigés et par la dispense du contrôle continu.

Un régime d'études à temps partiel peut aussi être proposé aux étudiants salariés. Il consiste alors à préparer en deux ans chacune des deux années du D.E.U.G.

Enfin certaines universités (Paris I, Grenoble II, Rouen...) ont prévu la possibilité pour les étudiants qui ne peuvent assister aux cours de bénéficier d'un enseignement par correspondance.

TÉLÉ-ENSEIGNEMENT

Les étudiants inscrits au télé-enseignement reçoivent, d'une part, l'enregistrement sur cassettes des principaux cours, d'autre part, des plans de cours avec la bibliographie correspondante, enfin, des exercices qui n'ont pas de caractère obligatoire mais qui permettent un entraînement aux étudiants qui le souhaitent. Quelques séances au cours de l'année regroupent les étudiants inscrits au télé-enseignement. Elles leur permettent de faire part de leurs difficultés et de bénéficier de certains conseils.

ÉCHECS

On ne peut passer sous silence le nombre important d'échecs, essentiellement à la fin de la première année de D.E.U.G. Il n'est pas rare de voir plus de la moitié des étudiants échouer à l'examen (les deux sessions comprises).

Les causes en sont multiples. La plupart, de l'aveu même d'un certain nombre d'étudiants, résident dans les difficultés d'adaptation aux études supérieures elles-mêmes.

Ces difficultés se manifestent de différentes manières :

– le cours magistral, d'abord, déroute certains étudiants et la prise de notes leur pose problème. L'usage d'un manuel permet de pallier certaines insuffisances (cf. p. 123) ;
– quant à l'assimilation des connaissances, beaucoup d'étudiants, au commencement de leurs études juridiques, ne savent pas discerner ce qu'ils doivent retenir. En outre, ils ne jugent pas nécessaire de faire un effort de mémorisation, pourtant indispensable. Pour remédier à ces difficultés, l'étudiant s'aidera des ouvrages de méthodes indiqués p. 133 ;
– enfin nombre d'échecs sont liés à la liberté laissée à l'étudiant dans l'organisation de son travail personnel. Il convient de fournir, en effet, un travail régulier dès le début de l'année universitaire. Ceux qui ne le font pas ne peuvent que difficilement surmonter, par la suite, ce handicap : en fait, un trop grand retard ne se rattrape jamais.

III. Les débouchés

Le D.E.U.G. n'offre, à lui seul, que peu de débouchés professionnels, ce qui s'explique dans la mesure où il s'agit d'un cycle de formation générale.

CONCOURS

A) Parmi les débouchés professionnels immédiats on peut citer la possibilité pour le titulaire d'un D.E.U.G. – mention Droit de se présenter à quelques concours administratifs ou à des examens professionnels tel celui de commissaire-priseur (à condition dans ce cas, d'être par ailleurs titulaire d'une licence d'histoire ou d'histoire de l'art). Il peut se présenter aussi aux concours d'entrée dans les instituts régionaux d'administration (I.R.A.) qui forment les cadres (de catégorie A, c'est-à-dire supérieure) de certaines administrations : attachés d'administration centrale, attachés de préfecture, inspecteurs des affaires sanitaires et sociales (voir les carrières de la fonction publique p. 179).

ÉTUDES

B) Mais des études juridiques postérieures sont le plus souvent nécessaires pour accéder à la majorité des professions juridiques et judiciaires.

1) C'est pourquoi la plupart des étudiants s'inscrivent en licence en droit (voir p. 75) puis, en cas de succès, éventuellement en maîtrise (p. 81). Mais ce n'est pas la seule possibilité de poursuivre des études après le D.E.U.G.

2) Peuvent être envisagés :

a) Le magistère (voir p. 94) créé en 1985. C'est un diplôme d'université homologué par le ministère de l'Éducation Nationale et qui se prépare en 3 ans après le D.E.U.G. (pendant ces trois années les étudiants préparent souvent, en plus, la licence, la maîtrise, un D.E.A. ou un D.E.S.S.) et qui permet d'obtenir une formation à finalité professionnelle de haut niveau.

b) Les maîtrises de sciences et techniques (M.S.T.) (voir p. 86). Elles constituent un cycle de formation de deux ans, à finalité professionnelle. L'admission en M.S.T. des titulaires d'un D.E.U.G. est en principe subordonnée à l'obtention d'un certificat préparatoire délivré par l'université.

c) Le diplôme universitaire de technologie (D.U.T.). Il peut être obtenu en un an grâce à une préparation spéciale réservée aux étudiants ayant effectué un premier cycle universitaire et dont la candidature est retenue par un jury d'admission. Les titulaires d'un D.E.U.G. - mention Droit peuvent ainsi obtenir par exemple un D.U.T. en gestion des entreprises et des administrations (il semble que la préparation en un an du D.U.T. Carrières Juridiques n'ait été mise en place par aucun département).

d) L'entrée dans un institut universitaire professionnalisé (I.U.P.). Les I.U.P., mis en place à partir de 1991, ont pour mission de former à des métiers en donnant le savoir-faire nécessaire. Pour cela un partenariat avec les entreprises est largement développé. Les études durent 3 ans. Peuvent être admis en 1re année d'I.U.P, les étudiants titulaires d'une 1re année de D.E.U.G., d'un D.U.T. et en 2e année les titulaires d'un D.E.U.G.

L'admissibilité est prononcée sur dossier et l'admission est décidée après un entretien avec un jury. Tout au long de la scolarité alternent des phases de formation théorique et de mise en pratique en entreprise. Intéressent particulièrement les étudiants ayant obtenu l'examen de 1re année ou le D.E.U.G., les I.U.P. du secteur « banque, finance et assurance » (« Banque - Assurance » à Caen ; « Gestion du patrimoine » à Paris I ; « Finance - Europe » à Nantes ...).

e) Certains Instituts d'Études Politiques de province (Bordeaux, Grenoble, Strasbourg, par exemple). Ils permettent aux titulaires d'un D.E.U.G. - mention Droit de solliciter leur admission directement en deuxième année. Ils subissent, à cet effet, un examen accompagné éventuellement d'un entretien préalable ou complémentaire.

Section 2. Les filières juridiques spéciales

Elles mènent à trois diplômes particuliers qu'il convient de présenter. D'abord, le Diplôme d'Études Universitaires Générales, mention Administration Économique et Sociale (D.E.U.G. - mention A.E.S.), parce qu'il comporte certains enseignements juridiques (I). Ensuite, deux diplômes à finalité professionnelle marquée ; d'une part, le Diplôme Universitaire de Technologie (D.U.T.) - mention Carrières juridiques (II) ; d'autre part, le Diplôme d'Études Universitaires Scientifiques et Techniques (D.E.U.S.T.) à dominante juridique (III).

I. Le D.E.U.G. - mention A.E.S.

ADMINISTRATION

Il s'agit d'un diplôme national (voir p. 45) sanctionnant deux années d'études orientées « vers la connaissance du monde contemporain et la préparation à l'administration économique et sociale ». Bon nombre d'universités assurent la préparation à ce diplôme.

Seront envisagés successivement les conditions d'accès, l'organisation des études et les débouchés.

A. Conditions d'accès

Ce sont les mêmes que pour le D.E.U.G. - mention Droit auxquelles il convient de renvoyer (p. 57).

B. Études

Elles sont réparties sur deux années universitaires et la durée totale des enseignements ne doit pas être inférieure à 900 heures soit environ 18 heures d'enseignement hebdomadaires.

PROGRAMME

1) L'organisation de l'enseignement est ainsi conçue :
a) 40 % au moins du volume horaire doit être consacré aux matières portant sur la connaissance de l'environnement politique, économique et social :
– histoire contemporaine ;
– droit ;
– sciences économiques ;
– sociologie.
b) 30 % au moins doit être consacré à une initiation aux langages fondamentaux :
– langues étrangères ;
– mathématiques et statistiques appliquées aux sciences sociales ;
– informatique appliquée.

c) 10 % au moins doit porter sur les sciences de l'administration :
— administration et organisation du travail ;
— comptabilité et gestion.
d) les autres heures d'enseignement portent sur des matières déterminées par chaque université.

Un quart au moins de la durée horaire totale doit être prévue sous forme de travaux dirigés, séminaires, entraînement au travail de groupe, enquête... L'enseignement théorique, sous forme de cours magistraux, tient donc une moindre place que dans le D.E.U.G. Droit.

En fait, comme en témoigne le programme des enseignements, le D.E.U.G. - mention A.E.S. s'adresse aux étudiants qui redoutent l'importance des mathématiques et statistiques dans les études de sciences économiques, mais qui, pour autant, ne souhaitent pas recevoir une formation juridique trop approfondie.

2) Contrôle des connaissances.

EXAMEN

Le passage de première en deuxième année suppose que l'étudiant ait subi avec succès au moins deux épreuves écrites d'une durée de 3 heures chacune. Par ailleurs, une note de contrôle continu (sur ce point, cf. à propos du D.E.U.G. - mention Droit p. 60) représentant en principe la moitié des notes prises en compte pour l'admissibilité est attribuée aux étudiants. Ceux qui sont déclarés admissibles subissent ensuite des épreuves d'admission, le plus souvent orales.

Le D.E.U.G. est délivré à la fin de la seconde année et selon des modalités très proches de celles prévues pour le passage de première en deuxième année.

MODULES

L'organisation des enseignements en modules peut modifier le régime des examens (sur ce point, voir à propos du D.E.U.G. - mention Droit : p. 57).

REDOUBLEMENT

Un étudiant ne peut être autorisé, sauf dérogation accordée par le Président de l'Université, à prendre plus de trois inscriptions annuelles en premier cycle.

SALARIÉS

Comme pour le D.E.U.G. - mention Droit, les étudiants salariés peuvent bénéficier, soit du régime spécial de travaux dirigés, soit du régime d'études à temps partiel (sur ces points se reporter aux indications données à propos du D.E.U.G. mention Droit, p. 62).

C. Débouchés

Le D.E.U.G. - mention A.E.S. n'offre à lui seul et comme tous les autres D.E.U.G. que peu de débouchés professionnels immédiats.

CONCOURS

Le D.E.U.G. - mention A.E.S. permet à son titulaire de se présenter à certains concours administratifs. Il s'agira le plus souvent de concours d'accès aux emplois de catégorie B (contrôleur du trésor, des douanes, des impôts, des services extérieurs du travail et de la main-d'œuvre...), un diplôme de deuxième cycle étant en principe exigé des candidats aux concours d'accès aux emplois de catégorie A.

ÉTUDES

Les titulaires d'un D.E.U.G. - mention A.E.S. peuvent aussi poursuivre leurs études et s'inscrire en vue de l'obtention de la licence puis de la maîtrise d'administration économique et sociale. Ils peuvent aussi obtenir un diplôme universitaire de technologie en un an (voir p. 69).

II. Le D.U.T. - mention « Carrières juridiques »

TECHNOLOGIE

Les diplômes universitaires de technologie (D.U.T.) sont des diplômes nationaux qui sanctionnent deux années d'études à finalité essentiellement professionnelle et qui sont organisés par les Instituts Universitaires de Technologie (I.U.T.).

Un certain nombre de D.U.T. comportent parmi les matières enseignées quelques enseignements juridiques tels les D.U.T. « Gestion des Entreprises et des Administrations » ou « Techniques de commercialisation ». Seul sera envisagé ici le D.U.T. - mention « Carrières juridiques » qui sanctionne un enseignement « à dominante juridique » et est organisé par les I.U.T. d'Amiens, Colmar, Grenoble II, Lille II, Lyon III, Perpignan, Mulhouse, Rouen, Paris XIII, Villetaneuse.

Seront successivement précisés les conditions d'accès, l'organisation des études et les débouchés.

A. Conditions d'accès

BAC

L'inscription dans un I.U.T., pour préparer un D.U.T. est ouverte :
– aux titulaires du baccalauréat, quelle que soit la série (font surtout acte de candidature les titulaires d'un bac B ou G, désormais E.S. ou S.T.T.) ;
– aux titulaires d'un diplôme admis en équivalence ;
– aux titulaires du diplôme d'accès aux études universitaires : D.A.E.U. (voir p. 48).

SÉLECTION

Les capacités d'accueil en première année étant limitées (une centaine de place environ, chiffre quelque peu variable selon les I.U.T.) et le nombre des candidats élevé, l'inscription dans un I.U.T. n'est pas automatique. La sélection est essentiellement réalisée à partir des dossiers scolaires des candidats. A cette fin une préinscription (au cours du premier ou deuxième trimestre de l'année d'inscription) doit être prise permettant l'examen du dossier (il est important de se renseigner sur ce point auprès des I.U.T. concernés).

B. Études

Elles sont organisées sur deux années universitaires et comportent des enseignements généraux et technologiques à raison de 34 heures par semaine.

DROIT

La moitié de cet horaire est consacré aux matières juridiques : droit civil, droit commercial, droit public. En seconde année le choix de matières juridiques donne une orientation aux études, par les spécialisations retenues (banque, assurances, immobilier...).

Les autres heures d'enseignement sont consacrées à l'étude de la gestion, de l'économie, de la comptabilité, d'une langue vivante, ainsi qu'à une formation en dactylographie ou en informatique.

OBLIGATOIRE

Ces matières donnent lieu à des cours magistraux et pour certaines d'entre elles à des travaux dirigés. La participation aux uns comme aux autres est obligatoire. Ce qui donne à ces études, compte tenu de leur durée hebdomadaire, un régime proche de celui connu au lycée et permet un encadrement qui favorise la réussite des étudiants. Sauf cas de force majeure apprécié par le Directeur de l'I.U.T., un étudiant ne peut être autorisé à redoubler qu'une seule des deux années.

CONTINU

Le passage des étudiants de première en seconde année est décidé d'après l'ensemble des notes et appréciations obtenues pendant l'année, par le chef de département, après avis du corps enseignant constitué en jury.

STAGE

Un stage de six semaines est organisé au cours de la seconde année et donne lieu de la part de l'étudiant à la rédaction d'un rapport de stage.

DIPLÔME

Le D.U.T. - mention Carrières juridiques, est délivré à la fin de la seconde année suivant les mêmes modalités que celles prévues pour le passage de première en seconde année.

RÉUSSITE

Les candidats qui n'obtiennent pas le D.U.T., reçoivent une attestation de scolarité. Mais le pourcentage d'étudiants ayant suivi avec succès leur scolarité est très élevé (85 à 95 % selon les I.U.T.).

C. Débouchés

S'agissant d'un diplôme à finalité professionnelle, les débouchés immédiats sont nombreux et facilités par le stage organisé en seconde année. Parmi ces débouchés qui peuvent varier en fonction des offres d'emploi régionales et des secteurs de spécialisation des étudiants, on peut mentionner :

PROFESSIONS

– Les postes de collaborateurs dans les services juridiques, administratifs ou contentieux, et dans les services du personnel des entreprises privées.

— Les postes de rédacteurs dans les établissements bancaires ou dans les compagnies d'assurances.
— Les postes de collaborateurs dans les cabinets de gestion et de promotion immobilières.

Par ailleurs certains concours sont ouverts aux titulaires de D.U.T.

ÉTUDES

Enfin le titulaire d'un D.U.T. - mention « Carrières juridiques » peut envisager de poursuivre des études. C'est sans doute détourner de son objectif un diplôme à finalité professionnelle. Mais chaque année quelques étudiants titulaires du D.U.T. sollicitent de l'université (qui peut le leur accorder après examen du dossier) leur inscription en deuxième année de D.E.U.G. - mention Droit où en général ils obtiennent de bons résultats.

III. Le D.E.U.S.T.

TECHNIQUE

Le diplôme d'études universitaires scientifiques et techniques est un diplôme national (voir p. 45) sanctionnant « un cycle de formation aux méthodes scientifiques » et « d'apprentissage d'une qualification professionnelle ». Il s'adresse aux étudiants qui ne peuvent ou ne veulent faire des études théoriques longues.

SÉLECTION

Il convient d'envisager l'organisation des études et les débouchés de ce diplôme. Pour les conditions générales d'accès il suffit de se reporter à celles exigées pour le D.E.U.G. - mention Droit (voir p. 57). Mais la capacité d'accueil est limitée dans la mesure où elle doit être déterminée en fonction des débouchés prévisibles.

A. *Études*

SPÉCIALITÉ

Le D.E.U.S.T. est délivré par les universités habilitées à cet effet par le ministre de l'Éducation Nationale. L'arrêté d'habilitation mentionne la spécialité du diplôme et indique le volume et le programme des enseignements.

ENSEIGNEMENT

L'ensemble de la formation conduisant au D.E.U.S.T. est répartie sur deux années universitaires (ou sur quatre semestres universitaires) et comprend d'abord une période initiale d'orientation. La durée totale des enseignements est comprise entre 1 200 et 1 400 heures. 25 % des enseignements doivent être des enseignements de qualification professionnelle. Les enseignements sont dispensés sous forme de cours et de travaux dirigés, auxquels s'ajoutent des stages.

Le contenu des enseignements ne peut pas être davantage précisé dans la mesure où il est fonction de la spécialité du D.E.U.S.T. préparé. Parmi les D.E.U.S.T. relevant des disciplines juridiques, on peut notamment citer les D.E.U.S.T. « Droit des assurances » (Poitiers), « Assistant et secrétaire juridiques » (Lyon III), « Professions immobilières » (Limoges, Toulon).

CONTRÔLE

Le contrôle des connaissances s'effectue à la fin de chaque période d'études (année ou semestre), soit par un contrôle continu et régulier, soit par un examen terminal, soit enfin par ces deux modes de contrôle combinés.

SPÉCIAL

Un régime spécial est organisé au profit de certaines catégories d'étudiants : personnes engagées dans la vie professionnelle ou effectuant leur service national, mères de famille, handicapés, sportifs de haut niveau.

B. Débouchés

Ils sont de deux ordres, puisque les enseignements ont pour but de permettre d'acquérir les connaissances et les méthodes nécessaires à la fois à une entrée immédiate dans la vie active et à une éventuelle poursuite ou reprise d'études supérieures.

PROFESSIONS

Les débouchés professionnels immédiats sont fonction de la spécialisation du diplôme. Ils sont largement facilités dans la mesure où la capacité d'accueil a été, au départ, limitée en vue de ces débouchés et aussi parce que la création d'un D.E.U.S.T. correspond à un besoin de formation au niveau régional.

ÉTUDES

Quant à la poursuite d'études supérieures il est prévu la possibilité pour le titulaire d'un D.E.U.S.T. :
— d'être admis, à titre individuel, à préparer un autre diplôme de premier cycle par décision du Président ou du Directeur de l'établissement d'accueil, après avis d'une commission pédagogique spéciale ;
— d'accéder à des formations de second cycle dans certaines conditions déterminées par l'établissement d'accueil.
L'absence de caractère automatique de la poursuite des études montre bien la finalité essentiellement professionnelle de ce diplôme.

CHAPITRE 2
LE DEUXIÈME CYCLE DES ÉTUDES DE DROIT

Comme précédemment, on envisagera d'abord les filières juridiques générales (section 1), puis les filières juridiques spéciales (section 2).

Section 1. Les filières juridiques générales

Les études juridiques générales de second cycle comprennent deux diplômes (que l'on obtient successivement) : la licence en droit (I) et la maîtrise en droit (II).

I. La licence en droit

UN AN

La licence est un diplôme national (voir p. 45) de deuxième cycle qui sanctionne une année d'études. Il s'agit d'une « formation cohérente et complète. Elle est conçue comme un diplôme terminal ». On envisagera successivement les conditions d'accès, les études et enfin les débouchés.

A. Conditions d'accès

D.E.U.G.

L'accès aux études de licence en droit est ouvert :

1) de plein droit, aux titulaires du D.E.U.G. - mention Droit ou d'un diplôme reconnu équivalent par une réglementation nationale ;

2) sur décision individuelle du Président de l'université et sur proposition d'une commission pédagogique statuant sur dossier, **l'accès est ouvert** aux étudiants titulaires d'un D.E.U.G. dont la mention ne correspond pas à la finalité de la licence envisagée (cas par exemple d'un étudiant ayant obtenu un D.E.U.G. - mention sciences économiques et qui voudrait s'inscrire en licence en droit). L'admission en licence peut alors être assortie de l'obligation de suivre des enseignements complémentaires, ou bien de satisfaire à un contrôle complémentaire des connaissances du candidat, voire même de remplir l'une et l'autre de ces deux conditions ;

3) selon la procédure qui vient d'être définie, l'admission en licence est accessible aux « candidats justifiant d'une qualification jugée suffisante pour dispenser du D.E.U.G. ». Dans ce cas le contrôle complémentaire des aptitudes et des connaissances est obligatoire.

B. Études

THÉORIE

La licence en droit comprend un minimum de 500 heures d'enseignement théorique. Parmi ces enseignements, 300 heures portent sur les matières suivantes :
- droit administratif ;
- droit des libertés fondamentales ;
- droit civil ;
- droit et fiscalité des sociétés ;
- droit social ;
- droit international public ;
- droit communautaire et européen ;
- histoire du droit et des institutions ou des idées politiques ;
- droit fiscal et droit judiciaire.

Les autres heures d'enseignement portent sur des matières déterminées par l'U.F.R. et qui sont proposées au choix des étudiants.

DIRIGÉS

A ces heures d'enseignement théorique viennent s'ajouter au moins 60 heures de travaux dirigés auxquels la participation des étudiants est obligatoire.

Au total, un étudiant devra donc suivre au moins 18 heures d'enseignement par semaine.

PRÉ-SPÉCIALISATION

Les matières à option et les travaux dirigés devront être choisis, dans l'intérêt même de l'étudiant, en fonction d'un éventuel projet professionnel ou d'une spécialisation en maîtrise. Les étudiants qui pensent se destiner à des carrières judiciaires ou notariales opteront essentiellement pour des matières de droit privé, ceux qui envisagent des carrières administratives se tourneront vers le droit public.

DIPLÔME

La licence en droit est délivrée aux étudiants qui ont satisfait à la fois à des épreuves de contrôle continu et à un examen de fin d'année qui donne lieu à deux sessions. Les examens comportent au moins deux épreuves écrites de 3 heures chacune, portant sur les matières dans lesquelles sont organisés des travaux dirigés et qui ont été choisies par l'étudiant. Ces épreuves écrites d'admissibilité sont suivies d'épreuves orales d'admission. Les modalités du contrôle continu et de l'examen terminal sont définies plus précisément dans le cadre de chaque U.F.R.

SALARIÉS

Comme pour le D.E.U.G. les étudiants salariés peuvent bénéficier :

– d'un régime spécial les dispensant du contrôle continu, ou
– d'un enseignement par correspondance, ou
– d'un régime d'études à temps partiel (sur ces points se reporter p. 62).

C. Débouchés

Bien qu'étant, on l'a vu, conçue comme un diplôme terminal, la licence en droit ne permet pas souvent l'accès immédiat à une activité professionnelle.

ÉTAPE

En réalité, faute de spécialisation suffisante, elle n'est souvent qu'une étape vers un ou des diplômes complémentaires. Elle peut être aussi une porte ouvrant sur certaines formations professionnelles, ou donnant accès à un grand nombre de concours administratifs.

1°) La poursuite d'études complémentaires.

MAÎTRISE

a) Le complément naturel de la licence est la maîtrise en droit (voir p. 80), diplôme de second cycle qui sanctionne une année d'études supplémentaires nettement plus spécialisées.

INSTITUTS

b) Les titulaires d'une licence en droit peuvent aussi (s'ils réussissent les épreuves d'admission) entrer directement en seconde année des Instituts d'études politiques (par ex. pour devenir journaliste). Cette passerelle leur permet d'éviter la première année (c'est-à-dire préparatoire) et ses difficultés (ce qui est particulièrement appréciable pour l'Institut d'études politiques de Paris, dit « Sciences-Po »).

c) L'accès à la seconde année d'études d'un certain nombre d'autres instituts est possible. Citons à titre d'exemples : l'Institut des hautes études internationales (I.H.E.I.) et l'Institut de droit comparé (Paris II), le Centre universitaire d'études des communautés européennes (Paris I), l'Institut des hautes études européennes de Strasbourg...

Cependant, même si ces possibilités sont offertes aux étudiants titulaires d'une licence en droit, ceux-ci accroîtront leurs chances de succès de manière significative en étant titulaire d'une maîtrise en droit, en raison du nombre élevé de candidats et de la sélection qui en résulte.

2°) L'inscription à des cycles préparatoires à certaines formations professionnelles.

JUDICIAIRES

La licence en droit permet à son titulaire de s'inscrire dans un Institut d'études judiciaires qui a pour rôle d'assurer la préparation :

a) d'une part, au concours d'entrée à l'École Nationale de la Magistrature : E.N.M. (voir p. 152). Cette préparation est organisée sur une année universitaire et peut être suivie parallèlement à une maîtrise en droit. Cette dernière solution semble bien préférable, dans la mesure où il est désormais exigé des candidats au concours d'entrée à l'E.N.M. d'être titulaires d'une maîtrise en droit ;

b) d'autre part, à l'examen d'entrée dans un centre de formation professionnelle d'avocats (voir p. 157). Cette préparation est très proche et en partie commune avec celle envisagée ci-dessus. Effectivement, comme les **candidats au concours** d'entrée à l'E.N.M., les candidats à l'examen d'entrée dans un centre de formation d'avocats devront être titulaires de la maîtrise en droit.

Ces préparations n'ont aucun caractère obligatoire c'est-à-dire qu'elles ne doivent pas avoir été nécessairement suivies par les candidats. Mais elles sont très vivement conseillées, dans la mesure où elles constituent un bon entraînement aux épreuves de ces concours ou examens et accroissent notablement les chances de succès.

3°) L'accès à certaines formations professionnelles.

HUISSIER

La licence en droit peut encore permettre à son titulaire de se présenter aux examens d'accès aux stages de formation de certaines professions. Ainsi, celle de commissaire-priseur (mais à condition d'être, par ailleurs, titulaire d'un diplôme de premier cycle d'histoire ou d'histoire de l'art), celle d'huissier (voir p. 167) et celle d'avoué (voir p. 169).

4°) L'accès aux concours administratifs de catégorie A.

ADMINISTRATION

Citons, seulement, ici, pour mémoire, les concours d'attaché d'administration centrale, d'inspecteur des impôts ou du Trésor, d'inspecteur du travail, d'inspecteur de l'action sanitaire et sociale, de sous-directeur de l'administration pénitentiaire, de commissaire de police, de greffier en chef... (voir les carrières de la fonction publique p. 177). Une préparation aux concours administratifs est assurée dans le cadre des Instituts de préparation à l'administration générale (I.P.A.G.) et peut être suivie simultanément par les étudiants inscrits en licence.

II. La maîtrise en droit

UN AN

La maîtrise est un diplôme de second cycle qui sanctionne une année d'études plus spécialisées et qui donne à son titulaire un niveau d'études égal à Bac + 4.

Seront envisagés successivement les conditions d'accès, l'organisation des études et les débouchés.

A. Conditions d'accès

LICENCE

Sont admis de plein droit à s'inscrire en vue de l'obtention de la maîtrise, les étudiants titulaires :
– de la licence en droit ;
– d'un diplôme reconnu équivalent par une réglementation nationale (à condition que le diplôme possédé corresponde à la finalité de la maîtrise envisagée).

B. Études

OPTIONS

La maîtrise en droit peut être assortie d'une mention. A titre d'exemple on peut citer les mentions suivantes :
– droit privé ;
– droit public ;
– droit des affaires ;
– droit notarial ;
– droit européen ;
– droit international...

ENSEIGNEMENT

La maîtrise en droit comporte 500 heures d'enseignement au moins, dont 350 heures au minimum consacrées à des enseignements théoriques.

Parmi ces 350 heures, 150 portent sur le domaine couvert par la mention, quand la maîtrise est assortie d'une mention.

La maîtrise comprend 60 heures de travaux dirigés ou de formation pratique auxquelles la participation des étudiants est obligatoire.

Le nombre d'heures d'enseignement hebdomadaire est en fait compris entre 18 et 20 heures.

SPÉCIALISATION

C'est par cette organisation des études que se manifeste la spécialisation des études de maîtrise. Les étudiants, lorsqu'ils en ont la possibilité, auront donc intérêt à suivre les enseignements d'une maîtrise assortie d'une mention correspondant le mieux aux études de troisième cycle ou à la carrière qu'ils envisagent.

C'est ainsi qu'une maîtrise mention « droit notarial » sera choisie par les candidats aux carrières du notariat et une maîtrise mention « carrières judiciaires et sciences criminelles » par les candidats à la magistrature.

Les futurs candidats aux concours de la fonction publique opteront pour une maîtrise en droit public.

DISPENSE

Les étudiants titulaires de certains diplômes (diplômes déterminés par l'université sur proposition de l'U.F.R.) peuvent être dispensés d'une partie des enseignements de maîtrise dans la limite de 150 heures. Ce peut être le cas pour les titulaires d'un diplôme délivré par l'Institut de droit des affaires, l'Institut de droit comparé, ou encore d'un diplôme de sciences politiques.

EXAMEN

La maîtrise en droit est délivrée aux étudiants qui ont satisfait à la fois à des épreuves de contrôle continu et à des examens périodiques ou terminaux qui donnent lieu à deux sessions. Les examens comportent en principe deux épreuves écrites de 3 heures portant sur les matières faisant l'objet de travaux dirigés. Mais une de ces deux épreuves peut être remplacée par un mémoire (plus fréquemment, semble-t-il, pour les maîtrises en droit public). En cas de succès à ces épreuves écrites le candidat subit des épreuves orales d'admission.

Les modalités du contrôle continu et de l'examen terminal sont définies plus précisément par chaque U.F.R.

SALARIÉS

Les étudiants salariés peuvent bénéficier :
– d'un régime spécial, les dispensant du contrôle continu ;
– d'un régime d'études à temps partiel (le système étant identique, voir p. 62, à propos du D.E.U.G. - mention droit).

C. Débouchés

Certains débouchés sont spécifiques à la maîtrise. Toutefois, il ne faut pas perdre de vue que ceux envisagés à propos de la licence (p. 78) sont offerts, à plus forte raison, aux titulaires d'une maîtrise. C'est l'occasion de redire qu'en raison du nombre de candidats, les titulaires d'une maîtrise accroissent leurs chances de succès aux concours et examens par rapport aux titulaires d'une seule licence.

1) La poursuite d'études complémentaires.

DOCTORAT

La maîtrise en droit permet à son titulaire de suivre un enseignement universitaire de troisième cycle. Il s'agira soit d'un diplôme d'études supérieures spécialisées ou D.E.S.S. (voir p. 87) qui prépare à la vie professionnelle et clôt en principe les études, soit d'un diplôme d'études approfondies ou D.E.A. (voir p. 91) nécessaire à la préparation ultérieure d'une thèse et dont les enseignements sont plus théoriques.

INSTITUTS

Par ailleurs les étudiants titulaires d'une maîtrise peuvent envisager de compléter leur formation en demandant leur admission dans un Institut d'études politiques, dans l'Institut de droit comparé, ou un Institut de droit des affaires. L'année de maîtrise représente alors pour ces étudiants non seulement des acquis supplémentaires au plan des connaissances mais aussi un développement de la réflexion juridique personnelle et une plus grande maturité, appréciables pour obtenir l'admission dans de tels Instituts et suivre ces formations.

2) L'accès à certaines formations professionnelles.

FORMATIONS

Doivent être titulaires d'une maîtrise, les candidats à l'examen d'entrée dans un centre de formation professionnelle d'avocats (C.F.P.A.) ou au concours d'entrée à l'École nationale de la magistrature (E.N.M.).

3) L'entrée dans la vie professionnelle.

PROFESSIONS

L'obtention d'une maîtrise est pour un grand nombre d'étudiants le dernier stade de leurs études juridiques. Ils vont alors chercher à acquérir l'expérience professionnelle indispensable à des postes de responsabilité postulés ultérieurement. On ne peut dissimuler que des difficultés pourront être rencontrées par des maîtres en droit lors de la recherche de ce premier emploi. Il faut pourtant souligner que ce diplôme juridique doit être considéré comme un atout majeur.

Certains secteurs d'activité, tels que celui des assurances ou celui des banques, offrent notamment des emplois aux diplômés de l'enseignement supérieur, sans exiger des candidats une spécialisation plus poussée que celle de la maîtrise. Une formation complémentaire est alors dispensée par la suite dans le cadre de l'entreprise.

Section 2. Les filières juridiques spéciales

Les filières juridiques spéciales de second cycle sont moins connues et aussi moins nombreuses. Il s'agit des licence et maîtrise d'administration économique et sociale - A.E.S. (I) et des maîtrises de sciences et techniques - M.S.T. (II).

I. Les licence et maîtrise mention A.E.S.

Ces licence et maîtrise mention A.E.S. font suite au D.E.U.G. mention A.E.S. (voir p. 66). Elles ont pour but de donner une formation universitaire de haut niveau préparant à la vie active, à des postes de responsabilité.

ENSEIGNEMENTS

La licence et la maîtrise mention A.E.S, comportent chacune un minimum de 400 heures d'enseignement par année universitaire. Deux cent cinquante heures au moins doivent porter sur les deux groupes de matières suivantes :
– Premier groupe : histoire, sciences politiques, sciences économiques, sciences sociales (125 heures).
– Deuxième groupe : gestion, droit (public, social, commercial), sciences administratives, informatique.

DÉBOUCHÉS

Les débouchés se trouvent essentiellement au sein des entreprises privées, dans le domaine de la gestion et des services du personnel. S'agissant de diplômes universitaires de second cycle, licence et maîtrise A.E.S. permettent aussi à leurs titulaires de se présenter aux concours administratifs de catégorie A.

II. Les maîtrises de sciences et techniques (M.S.T.)

PRÉPARATOIRE

Elles sanctionnent deux années d'études continues après le D.E.U.G. (aucun diplôme n'est délivré à la fin de la première année de scolarité). Elles sont accessibles aux étudiants titulaires d'un certificat préparatoire à la M.S.T. Il est délivré aux étudiants qui ont satisfait aux épreuves de ce certificat à la fin du premier cycle (les enseignements relatifs à ce certificat sont dispensés conjointement à ceux du D.E.U.G. choisi).

Il s'agit d'une formation scientifique et technique à objectif professionnel.

ENSEIGNEMENT

La formation comporte des enseignements dont la durée (allongée par rapport aux filières générales) ne peut être inférieure à 1 500 heures ni supérieures à 1 800 heures. Elle comprend aussi des stages d'une durée maximum de 10 semaines.

SPÉCIALISATION

Le diplôme est assorti d'une mention correspondant à la spécialisation. A titre d'exemple, il est possible après un D.E.U.G, mention Droit ou un D.E.U.G, mention A.E.S, de préparer une M.S.T. « Affaires internationales », ou « Sciences sociales du travail », ou « Information et communication ». Les débouchés sont facilités par la réalisation de stages et sont fonction de la spécialisation choisie.

CHAPITRE 3
LE TROISIÈME CYCLE DES ÉTUDES DE DROIT

Le troisième cycle a pour finalité la spécialisation de haut niveau et la formation à la recherche. On distinguera les filières juridiques générales (section 1) et les filières juridiques spéciales (section 2).

Section 1. Les filières juridiques générales

Elles comprennent deux types de formations distinctes, dont l'une mène au doctorat :
– les diplômes d'études supérieures spécialisées (D.E.S.S.) à finalité professionnelle (I) ;
– les diplômes d'études approfondies (D.E.A.) à finalité théorique (II) et conçus essentiellement comme une première étape vers le doctorat (III).

I. Les D.E.S.S.

SPÉCIALISATION

Le D.E.S.S, sanctionne une année de formation de haute spécialisation préparant directement à la vie professionnelle et permettant à son titulaire une insertion sur le marché du travail à un niveau de qualification élevé (Bac + 5).

Le D.E.S.S est délivré par les universités qui ont été habilitées à organiser une préparation à ce diplôme par le ministre de l'Éducation Nationale et l'arrêté d'habilitation mentionne la spécialité sur laquelle porte le diplôme.

À titre d'exemples, on peut citer parmi les D.E.S.S. proposés :

1°) en droit public : le D.E.S.S, mention « Administration publique » (Paris X), « Administration et gestion publique » (Paris II) « Gestion des personnels de la fonction publique » (Dijon),

« Administration locale » (Caen, Paris XII), « Administration territoriale » (Montpellier I).

2°) en droit privé : le D.E.S.S. mention « Juriste d'entreprise » (Poitiers), « Droit fiscal » (Toulouse I, Dijon), « Droit de l'agriculture (Paris I), « Juriste d'affaires » (Montpellier I, Paris XII, Rennes I, Strasbourg III, Pau), « Droit notarial » (Aix - Marseille IV, Bordeaux, Paris I, II, X, XII, Rouen). La liste des D.E.S.S, est donné par Minitel : 3614 code EN SUP.

Seront envisagés successivement les conditions d'accès, l'organisation des études, les débouchés.

A. Conditions d'accès

SÉLECTION

Le titre requis pour être autorisé à s'inscrire en vue de la préparation d'un D.E.S.S. est la maîtrise ou un titre admis en dispense. L'autorisation d'inscription est donnée sur proposition du Directeur du diplôme par le Président de l'université, après examen du dossier constitué par le candidat. Chaque préparation à un D.E.S.S. ne peut accueillir qu'un nombre limité d'étudiants. Il sera donc tenu compte des résultats et du cursus antérieurs du candidat (les étudiants ayant au cours de leurs études et spécialement à l'examen de maîtrise, obtenu des mentions seront, par exemple, avantagés par rapport à d'autres candidats). C'est pourquoi il peut être conseillé à un étudiant de faire plusieurs demandes d'inscription auprès des universités proposant le D.E.S.S. choisi ou d'autres D.E.S.S. voisins.

B. *Les études*

DIVERSITÉ

La préparation au D.E.S.S. comporte des enseignements théoriques, des enseignements pratiques et très souvent l'obligation d'accomplir un stage. Les enseignements sont, quant à leur nature et leurs programmes, arrêtés par le conseil d'administration de l'université, après avis du conseil de l'U.F.R. Les modalités du contrôle des connaissances sont également définies dans les mêmes conditions. Les épreuves d'admissibilité peuvent comporter la rédaction et la soutenance d'un mémoire. En toute hypothèse, le D.E.S.S. exige de la part des étudiants un réel travail personnel.

PROGRAMME

A titre d'exemple, les enseignements d'un D.E.S.S. de droit notarial comportent des cours théoriques de 25 heures annuelles (soit une heure hebdomadaire), consacrés aux matières suivantes :
- droit civil notarial ;
- droit civil approfondi ;
- droit commercial ;
- droit immobilier ;
- droit fiscal ;
- comptabilité ;
- une langue vivante.

Des séminaires sont organisés en droit civil notarial, en droit civil approfondi et en droit commercial : leur durée est d'une heure et demie hebdomadaire.

Quelques heures d'enseignement sont, en outre, consacrées à une introduction à la pratique notariale et à l'étude de dossiers présentés par des professionnels.

C. Débouchés

FORMATION

Les débouchés correspondent à la spécialité du diplôme. Toutefois, il est assez fréquent de voir des étudiants suivre en même temps les enseignements d'un D.E.S.S, et une préparation à certains concours ou à l'examen d'entrée dans un C.F.P.A. (Centre de Formation Professionnelle d'Avocats). Dans ce cas, les débouchés ne seront pas nécessairement liés à la spécialisation acquise. Le D.E.S.S. n'aura été vu par certains de ces étudiants que comme la possibilité d'atteindre un niveau d'études juridiques élevé. Ce qui n'est sans doute pas négligeable quant à leurs chances de succès dans les formations parallèles entreprises mais n'est pas la véritable finalité d'un D.E.S.S.

INDISPENSABLE

Par contre certaines formations universitaires professionnalisées exigent que le candidat soit titulaire d'un D.E.S.S. Par exemple, le diplôme supérieur du notariat ou D.S.N. (voir p. 172) ne peut être délivré qu'aux titulaires d'un D.E.S.S. de droit notarial.

PROFESSION

C'est dans un secteur professionnel en étroite relation avec la spécialisation du diplôme que le titulaire du D.E.S.S. trouve le plus souvent, et assez facilement, des débouchés immédiats. Il faut dire que lors de l'élaboration des programmes du D.E.S.S. des contacts sont pris au plan local voire national avec les représentants des professions concernées.

Par ailleurs le stage imposé au candidat représente une chance réelle d'intégration professionnelle. Il est facile d'en mesurer l'importance pour les D.E.S.S. « Administration des entreprises » ou « Gestion du personnel » par exemple.

II. Le D.E.A.

DOCTORAT

Le D.E.A. constitue la première année des études doctorales. C'est une formation à la recherche qui demande un travail personnel très important.

Les D.E.A. sont délivrés par les universités habilitées pour cela par le ministre de l'Éducation Nationale. L'arrêté d'habilitation indique la spécialité du diplôme.

A titre d'exemples on peut citer parmi les D.E.A. organisés :
— le D.E.A. mention « Droit public » (Bordeaux, Caen, Rennes I, Toulouse I, Tours, Paris V, Rouen) ;
— le D.E.A. mention « Droit privé (Aix - Marseille, Caen, Lille, Lyon III, Rennes I, Paris I, X, XII) ;
— le D.E.A. mention Droit privé général (Paris II);
— le D.E.A. Droit international et européen (Rouen), Droit des contrats (Paris XI), Droit des affaires (Aix-Marseille III, Paris II, X, XIII, Lyon III, Toulouse) Droit pénal et sciences criminelles (Lyon III, Paris I, Poitiers), Droit international privé (Paris I, II).

La liste des D.E.A. est donnée par Minitel : 3614 code EN SUP.

On envisagera successivement les conditions d'accès, les études et les débouchés.

A. Conditions d'accès

LIMITÉ

Le titre requis pour être autorisé à s'inscrire est la maîtrise ou un titre admis en dispense. L'autorisation d'inscription à la préparation du D.E.A. est prononcée par le Président de l'université sur proposition du groupe de formation doctorale « compte tenu du dossier du candidat et des possibilités d'accueil de la formation ». Ce qui a été dit à propos des conditions d'accès au D.E.S.S. (voir p. 87) est tout aussi valable pour le D.E.A., l'autorisation d'inscription étant sans doute encore plus difficilement obtenue.

B. Études

RECHERCHE

La préparation du D.E.A. comprend :
– des enseignements théoriques et méthodologiques ;
– une initiation aux techniques de recherche sous forme essentiellement de séminaires de recherche.

Le D.E.A. est délivré aux candidats qui ont satisfait à des contrôles, dont les modalités sont organisées dans le cadre de chaque université et qui doivent porter à la fois sur les enseignements théoriques et méthodologiques et sur l'initiation aux techniques de recherche. La préparation d'un mémoire est considérée comme l'une des formes les plus efficaces d'initiation à la recherche.

C. Débouchés

THÈSE

Le D.E.A. constituant la première année d'études doctorales devrait nécessairement conduire les étudiants à la rédaction et à la soutenance d'une thèse. Mais en réalité un grand nombre d'entre eux préfèrent réussir « dans la foulée » leur insertion professionnelle. Le D.E.A. n'aura été alors conçu que comme le moyen d'obtenir un diplôme de troisième cycle. Il faut dire d'ailleurs que les entreprises accueillent un certain nombre de titulaires de D.E.A, à des postes de responsabilité élevée (sans leur préférer nécessairement les titulaires d'un D.E.S.S., au moins dans certains secteurs tel le droit des affaires).

III. Le doctorat

Le titre de docteur est conféré au candidat après la soutenance d'une thèse. La durée normale de préparation du doctorat est, selon l'art. 14 de l'arrêté du 5 juillet 1984, de 2 à 4 ans.

A. Conditions d'accès

D.E.A.

Le candidat doit être titulaire d'un D.E.A., sauf dérogation accordée par le Président de l'université après avis du conseil scientifique de l'université.

Ainsi, la dérogation pourrait-elle être accordée au candidat titulaire d'un D.E.S.S. qui découvrirait, après avoir obtenu son diplôme, une aptitude personnelle pour la recherche.

L'autorisation d'inscription à la préparation du doctorat est prononcée par le Président de l'université sur proposition du directeur de thèse.

B. Préparation et soutenance de la thèse

RECHERCHE

Le candidat dépose le sujet de recherche, après agrément par le directeur de thèse, auprès du Président de l'université. La préparation se fait sous le contrôle du directeur de thèse. Les fonctions de directeur de thèse sont exercées par des enseignants-chercheurs habilités à diriger des recherches (c'est-à-dire, en général, des professeurs d'université).

L'autorisation de soutenir une thèse est donnée par le Président de l'université après examen des travaux du candidat par deux rapporteurs habilités à diriger des recherches. L'un au moins de ces rapporteurs devant être extérieur au corps enseignant de l'université (le directeur de thèse ne peut être rapporteur). Les avis des rapporteurs sont donnés par des rapports écrits à partir desquels l'autorisation de soutenance est accordée.

Le jury de soutenance comprend au moins trois membres dont le directeur de thèse et une personnalité extérieure à l'université. La soutenance est publique. L'admission est prononcée après délibération du jury et donne lieu à l'attribution de mentions (honorable, très honorable, très honorable avec félicitations).

C. Débouchés

ENSEIGNEMENT

Être titulaire d'un doctorat est rarement exigé d'un candidat à un poste dans une entreprise. En réalité les thèses sont, assez souvent, soutenues par des postulants aux carrières de l'enseignement supérieur. Pour faciliter la préparation de la thèse, peuvent être recrutés par les universités des allocataires d'enseignement supérieur (sont candidats à ces postes, les étudiants commençant une thèse qui se destinent à l'enseignement). Mais les universités peuvent aussi (en fonction des postes vacants) recruter des attachés temporaires d'enseignement et de recherche (qui, eux, achèvent ou ont achevé leur thèse). Le doctorat est, en effet, le titre requis des candidats aux fonctions de maître de conférences et il est a fortiori indispensable pour devenir professeur, étant observé qu'il existe dans les filières juridiques et économiques un concours d'agrégation qui donne accès au corps des professeurs d'université.

Section 2. Les filières juridiques spéciales : le magistère

PROFESSIONNALISÉ

Le magistère est un diplôme d'université, accrédité par l'Éducation nationale. C'est un cycle universitaire à vocation professionnelle qui se déroule sur trois années. Le but de cette formation est d'associer des acquisitions fondamentales, une initiation à la recherche et des applications professionnelles.

Après avoir envisagé les conditions d'accès on décrira les études et les débouchés.

A. Conditions d'accès

SÉLECTION

L'accès à un magistère est possible aux titulaires d'un D.E.U.G. ou d'un D.U.T. Mais un magistère comportant un nombre de places limité, des épreuves de sélection déterminées par chaque université sont le plus souvent organisées (test, examen, entretien, étude du dossier du candidat). En réalité les magistères sont des formations destinées aux meilleurs étudiants.

B. Études

DUALITÉ

Le magistère comprend environ deux mille heures de formation. Les enseignements sont assurés par le corps professoral, mais aussi par des professionnels, afin de donner à l'ensemble des études un éclairage pratique.

Des stages de 8 à 12 semaines en entreprise ont lieu chaque année.

S'agissant d'une formation « appuyée sur les diplômes nationaux » les étudiants préparent, parallèlement au magistère, les diplômes nationaux : licence, maîtrise, D.E.A. ou D.E.S.S.

Ce qui est d'autant plus important lorsque l'on sait qu'aucun redoublement n'est admis. Les étudiants dont les résultats sont insuffisants et qui risquent de se trouver exclus de cette formation peuvent alors continuer un cursus universitaire classique (voir p. 75).

C. Débouchés

SPÉCIALISATION

Compte tenu de la vocation professionnelle de cette formation, les débouchés sont directement professionnels et de haut niveau. La recherche d'un emploi est d'ailleurs grandement facilitée par les stages réguliers en entreprise. Le secteur professionnel sera déterminé par la spécialité du magistère. Parmi les magistères préparés on peut citer :
– le magistère de « Droit de l'urbanisme et de l'environnement » (Limoges), « Droit social » (Paris X), « Juriste d'affaires franco-allemand » (Strasbourg), « Juriste d'affaires » (Paris II, Montpellier I) ou « Droit des activités économiques » (Paris I).

Titre 2
La documentation

CONNAISSANCE

« Nul n'est censé ignorer la loi », dit l'adage. Et encore moins ceux qui l'étudient puis font profession de l'appliquer.

La connaissance du droit se fait par des voies diverses.

D'abord, les sources du droit sont portées à la connaissance des citoyens par les moyens officiels (Chapitre 1). Mais il existe aussi de très nombreux ouvrages qui assurent cette information et qui, en outre, proposent une réflexion sur le droit : ce sont les œuvres de la doctrine (Chapitre 2). Enfin, l'informatique n'a pas manqué de pénétrer le domaine du droit et de faciliter l'accès à ses sources (Chapitre 3).

CHAPITRE 1
L'INFORMATION OFFICIELLE

EXÉCUTIF

Ayant le pouvoir d'assurer l'exécution des lois (« pouvoir exécutif »), le Gouvernement a institué un service administratif : la « Direction des Journaux Officiels ». Ce service est chargé de la réalisation et de la diffusion de publications officielles périodiques (section 1). Parfois, un regroupement thématique est opéré (le Parlement peut le décider lui-même en votant la loi) et l'information prend alors la forme d'une codification (section 2).

Section 1.
Les publications périodiques

Elles assurent la diffusion des actes de l'autorité publique, dans le Journal Officiel (I) et des arrêts de la Cour de cassation dans les Bulletins (II).

Il convient de noter, au préalable, que les règlements et les directives édictés par les organes compétents des Communautés Européennes sont publiés dans le Journal Officiel des Communautés Européennes (J.O.C.E.).

Par ailleurs, pour les actes administratifs autres que les décrets (pour lesquels la publication au J.O. est obligatoire), la publication est possible dans les périodiques - appelés communément « Bulletins » - diffusés de manière officielle par les différents ministères intéressés. Ainsi, le Bulletin Officiel de la Direction Générale des Impôts (B.O.D.G.I.) et le Bulletin Officiel de l'Éducation Nationale (B.O.E.N.).

I. Le Journal Officiel

J.O.

Créé par un décret du 5 novembre 1870, le « Journal Officiel de la République Française » a remplacé l'ancien « Bulletin des Lois ». Il existe plusieurs éditions du J.O.

LOIS ET DÉCRETS

La plus importante est l'édition « Lois et Décrets ». C'est là que sont publiés les lois, les ordonnances et les règlements, quelques jours après la promulgation. Les textes sont affectés d'un numéro d'ordre, par année (ex. : loi n° 90-527 du 27 juin 1990). La publication est indispensable à l'application de ces textes : on ne peut respecter la règle de droit que si on la connaît.

C'est pourquoi lois, ordonnances et règlements n'entrent en vigueur qu'après leur publication au J.O. Ainsi la loi n° 90-527 du 27 juin 1990 (relative à la protection des malades internés) a été publiée au J.O. du 13 juillet 1990, p. 8272.

Sont aussi publiés dans l'édition « Lois et Décrets » :
– les décisions du Conseil Constitutionnel ;
– les circulaires administratives ;
– les informations parlementaires ;
– les avis et communications.

DÉBATS

L'autre édition du J.O. qui doit être signalée est celle relative aux Débats parlementaires de l'Assemblée Nationale et du Sénat.

Y sont reproduits les travaux préparatoires de la loi, qui sont utiles pour son interprétation.

II. Les Bulletins de la Cour de Cassation

OFFICIELS

Il existe deux Bulletins de la Cour de Cassation, publiés tous les mois par la Direction des Journaux Officiels.

L'un recense les arrêts rendus par les Chambres Civiles, l'autre par la Chambre Criminelle. Tous les arrêts, cependant, ne sont pas publiés. Seuls les plus intéressants figurent au Bulletin, soit à peine la moitié des arrêts rendus.

IN EXTENSO

Les arrêts rendus sont publiés in extenso mais sans aucun commentaire. Toutefois, ces arrêts sont précédés de quelques mots-clés, qui permettent de situer le secteur juridique dans lequel ils ont été prononcés et d'un sommaire qui résume la partie essentielle de la décision.

CIVIL

Le Bulletin Civil reproduit, d'abord, les arrêts de l'Assemblée plénière et de la Chambre mixte de la Cour de Cassation (sur ces notions, cf. Introduction générale au droit, Mémento Dalloz).

Puis il publie les arrêts rendus par la 1re chambre civile (Bull. civ., I), la 2e (Bull. civ., II), la 3e (Bull. civ., III), la chambre commerciale et financière (Bull. civ., IV) et la chambre sociale (Bull. civ., V).

Les arrêts sont classés par ordre chronologique, suivant le jour du mois où il sont rendus. Ainsi un arrêt rendu par la 1re Chambre civile le 6 mars 1990 au sujet d'un changement de prénom a été publié au Bulletin Civil, page 46, sous le numéro 62. Il sera cité ainsi : Cass. civ. I, 6 mars 1990, Bull. civ. I, n° 62, p. 46.

CRIMINEL

Le Bulletin Criminel publie les arrêts de la Chambre Criminelle de la Cour de Cassation. La présentation et le classement sont les mêmes que dans le Bulletin Civil. Le mode de citation est identique (sous l'abréviation : Bull. Crim.).

Section 2. La codification

CODES

Les règles de droit sont souvent présentées sous forme de codes.

Il s'agit de recueils dans lesquels le Parlement ou le Gouvernement rassemble des dispositions ayant un objet commun, plus ou moins large. Ainsi, le Code civil ou le Code général des impôts.

Il existe toutefois deux types de codifications.

L'une, traditionnelle, correspond à une réforme profonde du droit. Les gouvernants veulent créer un ordre juridique nouveau. Des règles nouvelles sont édictées et se trouvent rassemblées dans un ouvrage unique, qui marque une rupture. C'est la codification - réforme (I).

Mais, au XXe siècle, est apparue une codification répondant à une finalité différente, plus pratique : elle consiste à regrouper - sans innover - des textes existants restés épars. C'est la codification - compilation (II).

I. La Codification - Réforme

NAPOLÉON

L'une des œuvres majeures de Napoléon Bonaparte fut de doter la France d'une législation nouvelle, unique pour tout le territoire, sous forme de codes.

Ainsi, furent successivement promulgués, le Code civil (1804), le Code de procédure civile (1806), le Code de commerce (1807), le Code d'instruction criminelle (1808) et le Code pénal (1810). De tous, le plus important est le Code civil, réunissant l'ensemble des règles applicables aux particuliers dans leurs rapports familiaux (mariage, divorce, filiation, succession) et économiques (propriété, contrats, responsabilité).

Vᵉ RÉPUBLIQUE

Les codes napoléoniens ont naturellement fait l'objet de refontes partielles depuis le début du XIXᵉ siècle. La révolution industrielle devait, en effet, rendre certains textes inadaptés.

Mais trois codes ont été abrogés et remplacés.

D'abord, le Code de procédure pénale s'est substitué, en 1959, au Code d'instruction criminelle. Puis le Code de procédure civile a cédé (presque totalement) la place au Nouveau Code de procédure civile à partir de 1976.

Enfin un nouveau Code pénal est entré en vigueur le 1ᵉʳ mars 1994.

II. La Codification - Compilation

ADMINISTRATIVE

A l'époque contemporaine, est apparue puis s'est amplifiée une tendance à codifier des textes épars. Cette codification administrative consiste à mettre en ordre logique et à rassembler de façon cohérente un ensemble de dispositions existantes, en vue d'en faciliter la connaissance.

Il ne s'agit pas, alors, d'une codification réalisée à l'occasion de réforme profonde du droit positif, mais seulement d'une codification compilant des textes qui seront ainsi mieux présentés. C'est une codification « à droit constant ».

SPÉCIALISATION

Ce qui caractérise cette seconde forme de codification est la spécialisation accrue de l'objet des textes ainsi réunis. Si les premiers Codes concernaient un domaine encore vaste, comme le Code du travail (de 1910 à 1927) ou le Code général des impôts (1950), les plus récents couvrent un secteur très restreint du droit, comme le Code des assurances (1976), le Code des communes (1977), le Code de l'urbanisme (1977), ou le Code de la propriété intellectuelle (1992).

Le mouvement se poursuit. Notons, toutefois, que le récent Code de la consommation (1993) participe des deux formes de codifications relevées.

CHAPITRE 2
LA DOCTRINE ET L'INFORMATION PRIVÉE

NÉCESSITÉ

A côté de l'information officielle qui vient d'être décrite, il existe de très nombreux ouvrages et revues qui sont destinés à faire connaître les règles de droit positif, mais aussi à apporter une réflexion sur le droit. C'est donc plus qu'une information privée. Celle-ci au demeurant est indispensable, car l'information officielle est incomplète : par exemple, les arrêts du Conseil d'État ne font pas l'objet de publication. En outre, l'information officielle est difficilement exploitable : une série de textes ou une collection d'arrêts ne permet pas, par simple lecture, d'avoir une vue d'ensemble du droit en vigueur. Enfin, cette information officielle est insuffisante : la connaissance du droit suppose, en effet, la compréhension, que la lettre du texte ne permet pas toujours, et l'appréciation, que le texte brut ne propose pas. D'où l'intérêt des recueils privés (section 1) et des ouvrages juridiques (section 2). Les codes « privés » méritent enfin quelques explications (section 3).

Section 1. Les recueils privés

REVUES

Ces recueils se présentent sous la forme de revues à parution périodique. Certains sont des recueils généraux (I), d'autres sont spécialisés (II).

I. Les recueils généraux

Par ordre chronologique, sont apparus les recueils suivants :

SIREY

Le recueil Sirey, du nom de son fondateur. Jean-Baptiste Sirey, avocat près le Tribunal de Cassation, publia à partir de 1791 le « Recueil général des lois et arrêts ». Les recueils parus jusqu'en 1840 ont été refondus ensuite avec un classement par ordre de date : le Sirey chronologique (S. chron.).

Il est composé, ensuite, de plusieurs parties, suivant que les décisions reproduites sont celles de la Cour de Cassation ou d'une autre juridiction.

Ainsi, l'arrêt rendu par la Chambre des Requêtes de la Cour de Cassation, le 16 juin 1925 (au sujet du devoir de conseil des notaires) a été publié en 1re partie du Recueil Sirey publié en 1925, en page 212. Il sera cité comme suit : Req. 16 juin 1925, S. 1925, 1, 212.

Ce recueil a fusionné en 1965 avec le Dalloz (p. 107).

LEBON

Du nom de l'un de ses premiers éditeurs, le « Recueil des arrêts du Conseil d'État » est publié depuis 1821. Il reproduit la jurisprudence administrative : les arrêts du Conseil d'État, ceux du Tribunal des Conflits (depuis 1872), les jugements importants des tribunaux administratifs (depuis 1955) et les principaux arrêts des cours administratives d'appel (depuis 1989).

Cinq numéros paraissent chaque année. Ils comprennent cinq parties (en fonction des juridictions concernées), dans lesquelles les décisions sont publiées par ordre de date. Les plus importants sont reproduits intégralement, souvent précédés des conclusions du commissaire du gouvernement. Les autres décisions sont publiées en sommaire (c'est-à-dire qu'elles sont résumées).

Le Recueil Lebon est cité, en abrégé, Rec. ou Leb. Ainsi, l'arrêt rendu par le Conseil d'État, le 2 mars 1962, à propos des recours contre les mesures prises par le Président de la République en application de l'article 16 de la Constitution, a été publié au Recueil Lebon, paru en 1962, à la page 143. Il est cité : C.E., 2 mars 1962, Rubin de Servens, Rec., 143.

Le droit administratif étant essentiellement jurisprudentiel, l'habitude a été prise de désigner les arrêts par le nom de l'une des parties. Ainsi, l'arrêt du 2 mars 1962 est dit « l'arrêt Rubin de Servens ».

Cette pratique permet de mieux identifier, si plusieurs arrêts sont rendus le même jour, et de mémoriser les règles fondamentales. Ainsi, l'arrêt rendu par le Conseil d'État le 30 mars 1916, par lequel a été admise l'imprévision comme cause de révision des contrats administratifs, est désigné comme étant l'arrêt « Gaz de Bordeaux ».

Des tables complètent utilement le Recueil Lebon.

DALLOZ

Désiré DALLOZ a commencé à publier en 1845 le Recueil Dalloz (D.). De 1924 à 1940, la revue se divise en Dalloz périodique (D.P.) et Dalloz hebdomadaire (D.H.), puis, de 1941 à 1944, en Dalloz critique (D.C.) et Dalloz analytique (D.A.).

Depuis 1945, le Recueil est hebdomadaire. Il a absorbé le Recueil Sirey en 1965.

Le Recueil Dalloz-Sirey (D.S. ou D.) est composé de plusieurs parties. La première est consacrée aux articles de la doctrine : « Chroniques » (cité : Chron.). La deuxième partie est intitulée « Jurisprudence ». Les décisions y sont publiées in extenso et accompagnées de notes (c'est-à-dire d'observations). Par exemple, un arrêt rendu par la Chambre commerciale de la Cour de Cassation, en matière de concurrence, le 27 février 1990, a été publié en 1990 au Recueil Dalloz-Sirey, partie jurisprudence, à la page 521, avec une note de M. Philippe Malaurie. Il sera habituellement cité ainsi : Cass. com., 27 févr. 1990, D. 1990, 521, note Ph. Malaurie.

La troisième partie reproduit des résumés de décisions regroupées par thème et suivis d'un commentaire. C'est la partie : « Sommaires commentés » (Somm.). Par exemple, le résumé d'un arrêt rendu par la Première Chambre civile de la Cour de Cassation le 25 janvier 1989, en droit de la consommation, a été publié au Recueil Dalloz-Sirey du 2 novembre 1989, dans la partie « Sommaires commentés » consacrée cette semaine-là à la « Protection des consommateurs », avec les commentaires de M. J.-L. Aubert, à la page 337. Il sera cité : Cass. civ. I, 25 janv. 1989, D. 1989, somm. 337, obs. J.-L. Aubert. On trouve dans la quatrième partie des décisions en résumé, mais sans commentaire. Elle est intitulée : « Informations rapides » (I.R.). Enfin, la dernière partie est relative aux textes législatifs et réglementaires (tirés du Journal Officiel). Elle est intitulée : « Législation » (L.). Par exemple, la loi n° 90-613 du 12 juillet 1990 sur le travail précaire, parue au J.O. du 14 juillet 1990, p. 8322, a été publiée au Recueil Dalloz-Sirey en 1990, à la page 328 de la partie législation. Elle sera cité : Loi n° 90-613 du 12 juill. 1990, D. 1990, L, 328.

Des tables annuelles (de la doctrine, de la jurisprudence, de la législation) permettent une utilisation rationnelle du Recueil Dalloz. Parallèlement au Recueil, est publiée la revue bimensuelle « Actualité Législative Dalloz », qui comprend des commentaires de lois récentes et les textes importants parus au J.O.

GAZETTE

Créée en 1881, la Gazette du Palais (Gaz. Pal.) paraît trois fois par semaine. Elle est subdivisée en plusieurs parties : Doctrine (Doct.), Jurisprudence, Sommaires (Somm.), Panorama (Panor.), Législation. Tous les deux mois, les journaux sont reliés en un volume qui regroupe l'ensemble des informations publiées. Des tables semestrielles complètent ces volumes.

Surtout, des tables triennales reprennent non seulement le contenu des tables semestrielles, mais contiennent aussi les références à la documentation publiée dans les autres revues juridiques. Ces tables, publiées aujourd'hui en commun avec le Recueil Dalloz-Sirey, constituent par conséquent un « répertoire universel de la jurisprudence, de la doctrine et de la législation » et sont un remarquable instrument de recherche.

Exemple de citation : la Chambre commerciale de la Cour de Cassation a rendu, le 8 décembre 1987, un arrêt relatif au sort du compte bancaire en cas de redressement judiciaire.

Il a été publié à la Gazette du Palais, au 1er semestre de l'année 1988, dans la partie jurisprudence (in extenso) à la page 167. Il sera cité : Cass, com. 8 déc, 1987, Gaz. Pal. 1988, 1, 167 (est parfois utilisée, aussi, l'abréviation : G.P.).

J.C.P.

Fondée en 1927, la « Semaine Juridique » est habituellement citée à l'aide du sigle J.C.P., ou Jurisclasseur périodique. Il comprend plusieurs éditions, dont l'une est dite « Générale ». Hebdomadaire, celle-ci comporte cinq parties :

I Doctrine ;
II Jurisprudence (jugements et arrêts publiés in extenso et annotés) ;
III Textes ;
IV Tableaux de jurisprudence ;
V Informations.

Les documents publiés dans les trois premières parties sont affectés d'un numéro d'ordre (numérotation continue d'un recueil à l'autre) tandis que les deux dernières parties sont paginées.

Ainsi, un arrêt de la Première chambre civile de la Cour de Cassation a été rendu le 11 octobre 1988, en matière de droit international privé. Il a été publié à la Semaine Juridique du 18 octobre 1989, dans la deuxième partie, sous le numéro 21327, avec une note de M. Patrick Courbe. Il sera cité comme suit : Cass. civ. I,11 oct. 1988, J.C.P. 1989, II, 21327, note P. Courbe.

Des tables semestrielles provisoires puis annuelles complètent la publication des recueils hebdomadaires de la Semaine Juridique.

II. Les recueils spécialisés

SPÉCIALITÉ

A côté des recueils généraux, dont les principaux ont été cités, il existe des dizaines de recueils dont le champ d'investigation est plus ou moins spécialisé. Ils sont en si grand nombre qu'il serait fastidieux d'en dresser un inventaire complet. Seuls les plus importants pour les étudiants seront, en conséquence, signalés.

Certains recueils s'intéressent à une branche du droit déterminée : ce sont les recueils sectoriels (A). D'autres ont un domaine pluridisciplinaire mais considéré essentiellement sous l'angle d'une profession juridique : ce sont des recueils professionnalisés (B). Quelques-uns ont un thème spécifique : les recueils thématiques (C). Pour des raisons évidentes, les recoupements sont fréquents et certaines informations se retrouvent dans plusieurs recueils.

A. Recueils sectoriels

DISCIPLINES

A propos de chacune des branches du droit présentées dans la Ire Partie, sont publiées une ou plusieurs revues spécialisées. Suivant la distinction fondamentale, on envisagera les recueils de droit privé (1) puis ceux de droit public (2).

1. Recueils de droit privé

DROIT CIVIL

Il faut citer :
– Revue trimestrielle de droit civil.

Elle comprend des articles, des commentaires de jurisprudence, par thèmes de droit civil (Personnes et droits de la famille ; Obligations et contrats spéciaux ; Propriété et droits réels ; Sûretés ; Successions et libéralités) et de droit judiciaire privé (Organisation judiciaire ; Procédure ; Jugements et voies de recours), une chronique de législation française et communautaire et une bibliographie des principales publications parues au cours du trimestre précédent.

DROIT COMMERCIAL

Parmi les recueils périodiques concernant cette branche du droit, signalons :

– Revue trimestrielle de droit commercial et de droit économique.

Elle comprend des articles, des chroniques de législation et de jurisprudence présentées par thèmes (Organisation générale du commerce, Propriétés incorporelles, Sociétés, Crédit, Contrats commerciaux, Procédures collectives, Droit aérien et Droit maritime, Droit pénal et fiscal des affaires) et une bibliographie.

– L'actualité fiduciaire.

– Revue des procédures collectives.

– Revue de jurisprudence commerciale.

– La Semaine Juridique - Cahiers de droit de l'entreprise.

– Le droit maritime français.

– Revue française de droit aérien et spatial.

DROIT DU TRAVAIL ET DE LA SÉCURITÉ SOCIALE

De nombreuses revues sont consacrées à cette discipline, notamment :
- Droit social.

Revue mensuelle composée d'articles et de chroniques de jurisprudence. Elle est complétée par des numéros spéciaux consacrés à des questions d'actualité, réunissant par exemple les contributions présentées au cours d'un colloque.
- La semaine sociale LAMY.
- Liaisons sociales.
- Action juridique.
- Droit du travail.
- Revue pratique de droit social.
- Revue (trimestrielle) de droit sanitaire et social.

DROIT FISCAL

Peuvent être relevées les revues suivantes :
- Droit fiscal : recueil hebdomadaire qui comprend des articles de doctrine, des textes législatifs et réglementaires et des informations diverses.
- Revue de jurisprudence fiscale.
- Cahiers juridiques et fiscaux de l'exportation.
- Il faut ajouter la Revue française de finances publiques (voir p. 114).

DROIT PÉNAL

Seront signalés :
- Revue de science criminelle et de droit pénal comparé.

Elle comporte des études doctrinales, des chroniques de jurisprudence (Droit pénal général, Infractions contre la chose publique, Infractions contre les personnes, etc.), de législation, d'exécution des peines, de criminologie, de police et une bibliographie. C'est une revue trimestrielle.
- Droit pénal.
- Revue internationale de criminologie.

DROIT INTERNATIONAL PRIVÉ

Parmi les nombreux recueils consacrés au droit des relations privées internationales, il faut citer :
– Revue critique de droit international privé.

C'est un recueil trimestriel composé de quatre parties : Doctrine et Chroniques ; Jurisprudence (Nationalité, Condition des étrangers, Conflits de lois, Conflits de juridictions) ; Documentation (Traités nouveaux de la France, Lois, Décrets et actes officiels français, Informations diverses) ; Bibliographie.
– Droit et affaires. C.E.E. Internationale.
– Droit et pratique du commerce international.
– Journal du droit international (souvent cité « Clunet », du nom de son fondateur).
– Revue de l'arbitrage.
– Revue de droit des affaires internationales.
– Revue internationale de droit comparé.

DROIT EUROPÉEN

Il faut connaître :
– Revue trimestrielle de droit européen.

Elle comprend des articles, des chroniques (de législation communautaire, de jurisprudence de la Cour de justice des communautés européennes), des documents et une bibliographie.
– Cahiers de droit européen.
– Revue du Marché Commun.
– Revue des Affaires Européennes.
– Revue Française de Droit Européen.

Mais il faut savoir que les recueils de droit international privé publient aussi des informations de droit européen et que les recueils de droit civil ou de droit commercial s'y réfèrent de plus en plus souvent, tout comme les recueils de droit public.

2. *Recueils de droit public*

DROIT CONSTITUTIONNEL

On trouve de nombreuses études de droit constitutionnel dans les recueils suivants :
- Revue du droit public.

Ce recueil est consacré au droit constitutionnel (français et étranger) et au droit administratif. C'est un recueil bimestriel composé d'articles de doctrine, de chroniques de jurisprudence et de bulletins bibliographiques.
— Pouvoirs (Revue française d'études constitutionnelles et politiques).
— Revue française de droit constitutionnel.

DROIT ADMINISTRATIF

Outre la Revue du droit public, déjà citée, il faut relever les recueils qui suivent :
— L'actualité juridique de droit administratif.

Cette revue mensuelle est divisée en deux parties. La première est intitulée : « Doctrine ». Elle comporte des études (articles de doctrine), des chroniques (d'information bibliographique notamment) et les textes officiels à repérer. La seconde partie a pour titre : « Jurisprudence ». Elle comprend des conclusions et notes de jurisprudence, ainsi qu'une revue d'actualité, les décisions étant classées par thèmes (Actes législatifs et administratifs, Communautés européennes, Collectivités locales, etc.).
— Revue française de droit administratif.

FINANCES PUBLIQUES

On peut citer :
— Revue française de finances publiques. Ce recueil comporte essentiellement des articles de doctrine (sur les finances publiques, en France et à l'étranger, et sur les finances locales), ainsi qu'une chronique bibliographique.

DROIT INTERNATIONAL PUBLIC

Parmi les nombreux recueils qui sont consacrés à cette branche du droit, relevons :
— Revue générale de droit international public. C'est un recueil trimestriel comportant les parties suivantes : Articles ; Notes d'actualité ; Chroniques

(notamment des faits internationaux) ; Jurisprudence ; Bibliographie ; Information ; Documents.

– Annuaire français de droit international (revue paraissant une fois par an).

– Politique étrangère.

Enfin, l'histoire des institutions et des idées ayant une place importante dans les études de droit, signalons un recueil spécialement consacré à cette discipline :

– Revue historique de droit français et étranger. Recueil trimestriel comprenant des articles, des comptes rendus, une chronique et des nouvelles diverses.

B. *Recueils professionnalisés*

JURIDIQUES

Il ne sera question, ici, que des revues publiées à destination des professions juridiques. Certaines sont toutefois d'un intérêt et d'une richesse d'informations comparables à ceux des revues déjà citées. On retiendra :

– Répertoire du notariat Defrenois :

Ce recueil bimensuel est publié pour les notaires. Il est relatif à toutes les questions d'ordre juridique que ceux-ci sont amenés à rencontrer dans l'exercice de leur activité, c'est-à-dire essentiellement dans le domaine du droit civil, du droit commercial et du droit fiscal. On y trouve des articles de doctrine relatifs à la pratique notariale, une chronique de jurisprudence civile générale, des notes de jurisprudence et des sujets d'examens de notaire (avec leur corrigé).

– Audijuris (pour les avocats et magistrats).

– La Semaine Juridique, édition notariale et immobilière.

C. Recueils thématiques

UNITÉ

Leur point commun est d'avoir un centre d'intérêt limité, mais homogène et dont l'étude est particulièrement approfondie. Pour cette raison, ces recueils intéressent autant les étudiants (quand ils ont une recherche à mener) que les praticiens du droit. Classés par thème, on citera, parmi les plus connus :

ASSURANCES

— Argus (L') - Journal international des assurances : recueil hebdomadaire.
— Revue générale des assurances terrestres.
— Responsabilité civile et assurances : recueil mensuel.

BANQUE

— Banque : recueil mensuel.
— Revue de droit bancaire et de la bourse : publication bimestrielle.

PROPRIÉTÉ LITTÉRAIRE ET ARTISTIQUE

— Cahier du droit d'auteur : recueil mensuel.
— Le droit d'auteur : recueil mensuel.
— Revue internationale du droit d'auteur : trimestrielle.

IMMOBILIER

— Actualité juridique - Propriété immobilière : recueil mensuel.
— Loyers et copropriété : recueil mensuel.
— Revue de droit immobilier : trimestrielle.

DIVERS

Signalons aussi, dans des domaines divers :
— Droit et société.

- Revue de droit rural.
- Revue internationale de la Croix-Rouge.
- Revue juridique et économique du sport.
- Revue juridique de l'environnement.

Section 2. Les ouvrages juridiques

DOCTRINE

Les ouvrages juridiques sont l'œuvre de la doctrine. Ils complètent les recueils périodiques et ont une double finalité.

D'information, d'abord. Ces ouvrages présentent de façon ordonnée et raisonnée les règles de droit intervenues dans tel ou tel domaine. Sans cet effort de systématisation, la connaissance du droit serait impossible. En effet, les textes publiés sont très nombreux (plus de 1 000 lois et décrets par an !). Ils sont souvent modifiés ; de plus, leur interprétation peut prêter à discussion ; puis il faut les coordonner et dégager l'apport des décisions de justice qui les ont appliqués... De telle sorte qu'une simple lecture ne peut suffire à appréhender le droit positif (c'est-à-dire en vigueur à un moment donné). Ce sont les ouvrages de droit qui permettent de connaître l'état du droit dans tel ou tel secteur.

Mais la doctrine exerce aussi une mission de réflexion sur le droit. Les auteurs (universitaires, magistrats, praticiens du droit) ne se bornent pas à un constat de l'existant. Ils portent une appréciation critique sur telle solution, mettent en lumière les lacunes du système juridique, dégagent de la masse des textes des principes généraux, recherchent les fondements des règles nouvelles, évaluent les conséquences économiques et sociales des normes exposées, etc.

Cette double mission est exercée aussi, dans les recueils (articles de doctrine et commentaires de décisions). Mais l'importance des ouvrages juridiques est plus grande pour les étudiants qui apprennent le droit : c'est là qu'ils trouvent l'exposé complet et cohérent de la discipline dont ils doivent acquérir les bases.

GENRES

Ces ouvrages sont très divers et leur utilité varie en fonction du genre adopté par l'auteur. On peut distinguer les livres (I), les encyclopédies (II), les dictionnaires (III) et les ouvrages de méthode (IV).

I. Les livres de droit

VARIÉTÉ

Il existe diverses sortes de livres de droit, répondant à des préoccupations différentes (d'ordre théorique, pratique ou didactique). Le public visé varie, par conséquent, suivant la catégorie envisagée. Cela dit, les différences sont parfois ténues et la distinction doit être relativisée. Tout juriste, fut-il apprenti, peut en effet trouver avantage à consulter plusieurs types d'ouvrages se rapportant à un sujet donné, sans attacher une importance excessive au genre de chacun. Du reste, la confrontation d'opinions divergentes sur le droit est une source de réflexion utile.

A. Les traités

SCIENCE

Les traités sont les ouvrages généraux et développés, qui constituent l'expression la plus achevée de la science du droit. Ils exposent d'abord, le contenu ordonné des règles légales ou des solutions jurisprudentielles. Mais ils en recherchent aussi les fondements. Puis ils commentent ces règles et solutions de façon détaillée en les soumettant à une critique approfondie, tant au regard des exigences de la raison que des besoins sociaux. Par ailleurs, la confrontation avec les enseignements de l'histoire et les exemples étrangers, ainsi que l'emploi des résultats de la sociologie, prolongent souvent l'étude entreprise. L'aboutissement de la réflexion prend alors la forme de théories ou de systèmes, plus ou moins personnels à l'auteur (ou aux auteurs, car l'ampleur de la tâche nécessite fréquemment le concours de plusieurs personnes).

De sorte que le traité constitue, par excellence, l'ouvrage de référence pour celui qui entreprend une recherche, qu'elle soit ponctuelle ou étendue, aussi bien en vue de parfaire ses connaissances que pour résoudre un cas pratique difficile.

BRANCHES

Généralement, un traité expose de façon complète une branche du droit. Ainsi se présentent les traités de droit civil, de procédure, de droit administratif, etc., composés de plusieurs volumes. Certains traités ont atteint, au XIXe siècle, des dimensions considérables.

Par exemple, le traité de droit civil de DEMOLOMBE (inachevé au 31e volume !), ou celui de LAURENT, en 33 volumes. La stabilité du droit au cours du siècle dernier autorisait des ouvrages de cette ampleur.

A la fin du XIXe et au début du XXe siècle, la dimension des traités s'est trouvée réduite. Ainsi, le traité de droit constitutionnel de DUGUIT (1921) est composé de 5 volumes, celui de droit administratif écrit par JÈZE (1936) comprend 6 volumes. Toutefois les traités de droit civil ont, à la même époque, conservé une dimension appréciable. Par exemple, le traité de PLANIOL et RIPERT (1925) est en 14 volumes.

L'inflation législative et la spécialisation croissante des disciplines juridiques ont conduit à une raréfaction des grands traités. D'où l'intérêt de signaler ceux qui sont toujours mis à jour ou, plus rares encore, ceux qui constituent des publications nouvelles.

DROIT CIVIL

— Traité de droit civil, par G. MARTY et P. RAYNAUD (Éditions Sirey), comprenant les volumes suivants (avec la date de la dernière édition) :

Introduction générale à l'étude du droit, avec Ph. JESTAZ (1991) ; Les personnes (1976) ; Les obligations : Tome 1, Les sources (1987), Tome 2, Le régime, avec Ph. JESTAZ (1989). Les biens, par P. JOURDAIN (1995) ; Les sûretés. La publicité foncière, avec Ph. JESTAZ (1987) ; Les régimes matrimoniaux (1986) ; Les successions et les libéralités (1983).

— Traité de droit civil, sous la direction de J. GHESTIN (L.G.D.J.), comprenant les volumes suivants (avec la date de l'édition la plus récente) :

Introduction générale, par J. GHESTIN et G. GOUBEAUX (1994) ; Les personnes, par G. GOUBEAUX (1989) ; La famille : fondation et vie de la famille, par J. HAUSER et D. HUET-WEILLER (1993) ; Dissolution de la famille, par J. HAUSER et D. HUET-WEILLER (1991) ; Le contrat : formation, par J. GHESTIN (1993) ; La responsabilité : conditions, par G. VINEY (1995) ; La responsabilité : effets, par G. VINEY (1988).

— Traité de droit civil, de C. AUBRY et C. RAU, 7e édition (Librairies Techniques) sous la direction d'A. PONSARD, en 12 volumes. Le 1er a été publié en 1964.

DROIT COMMERCIAL

— Traité de J. HAMEL, G. LAGARDE et A. JAUFFRET (éditions Dalloz) :

1er volume : Introduction, Les commerçants, par A. JAUFFRET (1980) ;

2e volume : Sociétés, G.I.E., Entreprises publiques, par G. LAGARDE (1980).

— Traité de G. RIPERT et R. ROBLOT (L.G.D.J.) :

T. 1, 14e édition, 1991 : Commerçant, Actes de commerce, Entreprise commerciale, Fonds de commerce, Sociétés commerciales ;

T. 2, 13ᵉ édition, 1992 : Valeurs mobilières, Effets de commerce, Opération de banque et de bourse, Contrats commerciaux, Procédures collectives de redressement et de liquidation.
— Traité de droit des Transports, transports terrestres et aériens, par R. RODIERE (éditions Sirey), 1977.
— Les effets de commerce, par R. ROBLOT (éditions Sirey), 1975.
— Les assurances terrestres en droit français (L.G.D.J.) par M. PICARD et A. BESSON (5ᵉ éd. 1982).

DROIT JUDICIAIRE PRIVÉ

— Traité de H. SOLUS et R. PERROT (éditions Sirey) : La compétence (1973) ; Procédure de première instance (1991).
— La cassation en matière civile, par J. BORÉ (éditions Sirey) (1988). Nouvelle édition à paraître chez Dalloz en 1996.

DROIT DU TRAVAIL

— Traité de A. BRUN et H. GALLAND (éditions Sirey) :
Tome I : Rapports individuels de travail (1978).
Tome II : Rapports collectifs de travail (1978).
— Traité de G.H. CAMERLYNCK (éditions Dalloz) :
Le contrat de travail (1982), mise à jour avec M.-A. MOREAU-BOURLÈS (1988).
Le salaire, par G. LYON-CAEN (1981).
L'entreprise, par N. CATALA (1980).
Syndicats et droit syndical, par J.-M. VERDIER (1ᵉʳ vol. : Liberté, Structures, Action, 1987, 2ᵉ vol. : Le droit syndical dans l'entreprise, 1984).
La grève, par H. SINAY et J.-C. JAVILLIER (1984).
Négociations, conventions et accords collectifs, par M. DESPAX (1989).
Droit international du travail, par N. VALTICOS (1983).
Les juridictions du travail, par A. SUPIOT (1987).

SÉCURITÉ SOCIALE

— Traité de Y. Saint-Jours (L.G.D.J.), en 4 tomes.

DROIT PÉNAL

— Traité de Droit criminel, de R. Merle et A. Vitu (éditions Cujas) :
Tome 1, Droit pénal général (6ᵉ éd. 1989) ;
Tome 2, Procédure pénale (4ᵉ éd. 1989) ;
Tome 3, Droit pénal spécial (1ʳᵉ éd., 1982).

DROIT INTERNATIONAL PRIVÉ

— Traité de H. Batiffol et P. Lagarde (L.G.D.J.), Tome 1 (1993), Tome 2 (1983).

DROIT ADMINISTRATIF

— Traité de Droit administratif de A. de Laubadere (L.G.D.J.), par J.-C. Venezia et Y. Gaudemet :
Tome 1 (13ᵉ éd. 1994) : L'organisation administrative, la fonction administrative et les actes administratifs, la justice administrative, la police administrative et les services publics, la responsabilité administrative.
Tome 2 (10ᵉ éd. 1995) : La fonction publique, les domaines administratifs, l'expropriation, la réquisition, les travaux publics, la construction, l'urbanisme, l'aménagement du territoire, les actions foncières et rurales.
Tome 3 (5ᵉ éd., 1993) : Les grands services publics administratifs.
Tome 4 (3ᵉ éd., 1977) : L'administration de l'économie.

— Traité de contentieux administratif par J.-M. Auby et R. Drago (L.G.D.J.) :
Tome 1 (3ᵉ éd., 1984) : Notions générales, organisation juridictionnelle en matière administrative, compétence, procédure contentieuse.
Tome 2 (3ᵉ éd., 1984) : Procédure (suite), recours juridictionnels, décisions rendues par la juridiction administrative, appel, cassation.

DROIT INTERNATIONAL PUBLIC

— Traité de Ch. ROUSSEAU (éditions Sirey) :
Les sujets de droit (1974) ; Les compétences (1977) ; Les relations internationales (1980) ; Les rapports conflictuels (1983).

SCIENCE POLITIQUE

— Traité de G. BURDEAU (L.G.D.J.) en 9 tomes.

B. Les manuels

DIDACTIQUES

Les manuels sont des ouvrages didactiques (c'est-à-dire destinés à l'enseignement). Ils visent d'abord un public d'étudiants et leur préoccupation est essentiellement pédagogique. Ils ne présentent, en conséquence, que l'essentiel d'une discipline : un manuel ne prétend pas à l'exhaustivité mais à la clarté. Ce type d'ouvrage, plus bref et régulièrement mis à jour, est donc indispensable à l'étude du droit. On le désigne aussi par le terme « Précis ».

MATIERES

En général, la maison d'édition juridique qui les publie crée une collection qui suit les programmes universitaires. De telle sorte qu'à chaque « matière » enseignée (Droit civil : Les Biens ; ou Droit commercial : Sociétés commerciales ; ou Droit administratif : Fonction publique, biens publics, etc.) correspond un manuel (ou précis). Comme il y a plusieurs éditeurs et que les matières enseignées au cours des différentes années d'études de droit sont nombreuses, la liste des manuels est fort longue.

Un chiffre permettra de fixer les idées : la collection des Précis Dalloz comprend, pour le Droit, plus de 70 ouvrages !

Il ne peut donc être question de les citer tous.

COLLECTIONS

En revanche, il est utile de signaler les principales collections de Manuels dans lesquelles l'étudiant trouvera, à propos de telle ou telle matière enseignée, les ouvrages auxquels il pourra se reporter.

– DALLOZ : collection « Précis ».
– P.U.F. : collection « Thémis », collection « Droit fondamental ».
– L.G.D.J. : collection de droit.
– LITEC : collection de droit.
– MASSON : collection « Droit - Sciences économiques ».
– MONTCHRESTIEN : collection « Précis Domat », collection « Leçons de droit civil ».
– ECONOMICA : série « Enseignement ».
– ARMAND COLIN : série « Droit privé ».
– CUJAS : collection « Droit civil »,

C. Les mémentos

AIDE MÉMOIRE

Le mémento est (comme le nom l'indique) un aide-mémoire, c'est-à-dire un ouvrage condensé qui facilite la mémorisation, en ne représentant qu'un résumé des connaissances à acquérir. Il ne faut pas confondre ces ouvrages abrégés avec les Mémentos Pratiques, Francis Lefebvre (« Sociétés commerciales », « Immobilier », « Fiscal », « Droit des Affaires », etc.) qui sont des ouvrages relativement développés destinés aux praticiens du droit (avocats, notaires, juristes d'entreprise...) et offrent une vision complète d'un secteur du droit, en vue de l'application concrète de celui-ci.

COLLECTIONS

Seules les éditions Dalloz proposent une collection complète de Mémentos correspondant aux diverses matières de l'enseignement universitaire, en droit privé, droit public et sciences économiques. Les P.U.F. ont également publié quelques mémentos.

D. Les monographies

THEME

Il s'agit d'ouvrages traitant d'un sujet ou d'un thème précis. Deux catégories sont habituellement distinguées : les ouvrages écrits pour les praticiens du droit, d'un côté, les thèses de doctorat, de l'autre. L'opposition est toutefois, comme c'est du reste souvent le cas, relative. Ainsi, des professeurs de droit écrivent, assez longtemps après avoir soutenu leur thèse de doctorat, des ouvrages théoriques, dont certains ont une influence indiscutable sur les idées et l'évolution du droit positif. Ainsi, l'œuvre d'Henri CAPITANT, « De la cause des obligations », publiée en 1923 (éditions Dalloz), a-t-elle renouvelé l'analyse de la cause en tant qu'élément du contrat et influencé la jurisprudence.

A l'inverse, les monographies à finalité pratique ne peuvent laisser le théoricien ou l'étudiant en droit indifférent, car la signification des principes généraux est toujours utilement éclairée par leur application concrète.

PRATIQUE

1. Une première catégorie de monographies est donc constituée d'ouvrages destinés à la pratique et qui sont consacrés à l'étude d'une question déterminée, envisagée sous l'angle de ses implications pratiques. Par exemple : « Les baux commerciaux », « La Cour d'assises », « Les associations », « La nationalité française », « L'obligation de sécurité du chef d'entreprise », etc.

Les éditeurs publient parfois ces ouvrages dans des collections suivies. Ainsi, les exemples cités sont-ils quelques-uns des titres parus aux éditions Dalloz, dans la collection « Droit Usuel ». Des collections de monographies sont aussi publiées par d'autres éditeurs (comme Sirey, L.G.D.J. ou GLN - Joly). Mais il arrive aussi que ces ouvrages fassent l'objet de publications sans insertion dans une série déterminée.

THÈSES

2. Consacrées à un sujet donné, les thèses sont des ouvrages de recherche approfondie qui sont rédigés par les étudiants de 3e cycle en vue de l'obtention du diplôme de doctorat. Par leur haut niveau de réflexion et l'originalité fréquente des idées qui y sont exprimées, les thèses de doctorat ne sont pas pour les étudiants de 1er cycle d'un accès très facile.

En général, les plus intéressantes sont publiées. Ainsi, en droit privé, les thèses sont souvent éditées par la Librairie Générale de Droit et de Jurisprudence (L.G.D.J.), dans la collection « Bibliothèque de droit privé ». Fondée en 1957, cette collection comprend aujourd'hui plus de 250 thèses publiées. Le même éditeur a lancé aussi les collections « Bibliothèque de droit public », « Bibliothèque de droit international », « Bibliothèque constitutionnelle et de science politique », « Bibliothèque africaine et malgache »... On trouve aussi, aux éditions Economica, la série « Études et Recherches », aux éditions Litec, la « Bibliothèque de droit de l'Entreprise », aux P.U.F., « Les Grandes Thèses du droit français ».

Quelques thèses sont célèbres et l'on ne peut encore aujourd'hui étudier de façon sérieuse les thèmes auxquels elles sont consacrées sans s'y référer. Ainsi,

– « La distinction du fait et du droit. Essai sur le pouvoir de contrôle de la Cour de Cassation sur les juges du fait », thèse de doctorat de Gabriel MARTY, publiée en 1929 (Sirey).

– « Le principe de la relativité des conventions en droit privé français », thèse de doctorat d'Alex WEILL, publiée en 1939 (Dalloz).

E. Les « Grands arrêts »

JURISPRUDENCE

L'influence indiscutable de la jurisprudence, source du droit positif, a conduit à rassembler dans des ouvrages les décisions les plus importantes rendues dans telle branche du droit. Cette publication, régulièrement mise à jour en fonction des mouvements de la jurisprudence, est assortie de commentaires qui permettent de dégager le sens de chacune des décisions répertoriées et sa portée dans l'évolution du droit.

Ces ouvrages se sont multipliés, au point qu'ils constituent, aujourd'hui, une collection des éditions Sirey. Les principaux, pour l'étudiant qui entreprend des études de droit, sont :

– Les grands arrêts de la jurisprudence civile, par H. Capitant, A. Weill, F. Terré, Y. Lequette (1994) ;

– Les grands arrêts de la jurisprudence administrative, par M. Long, P. Weil, G. Braibant, B. Genevois, P. Delvolvé (nouvelle édition automne 1996) ;

– Les grands arrêts du droit criminel, par J. Pradel, A. Varinard :

Tome 1 : Les sources du droit pénal, l'infraction (1995) ;

Tome 2 : Le procès, la sanction (1995) ;

– Les grands arrêts de droit du travail, par G. Lyon - Caen, J. Pélissier (1991) ;

– Grandes décisions du Conseil constitutionnel, par L. Favoreu, L. Philip (1995) ;

– Les grands arrêts de la jurisprudence fiscale, par M.-A. Latournerie, C. David, O. Fouquet, B. Plagnet (1991) ;

– Les grands arrêts de la Cour de justice des communautés européennes, par J. Boulouis, R.-M. Chevallier : Tome : 1 (1994), Tome 2 (1991).

II. Les encyclopédies

RÉPERTOIRES

Les encyclopédies (dites aussi répertoires) sont des ouvrages qui couvrent l'ensemble du droit, ou une branche entière de celui-ci. Leur dimension est imposante et suppose une pluralité d'auteurs, le plus souvent universitaires, spécialistes des questions traitées.

Ces ouvrages exhaustifs sont destinés principalement aux praticiens du droit et sont constamment tenus à jour. Ils obéissent à un double impératif de clarté et d'objectivité, ce qui doit permettre à chaque utilisateur de trouver facilement la réponse à la question qu'il cherche à résoudre.

Les plus importants seront seuls cités.

DALLOZ

L'Encyclopédie juridique Dalloz est la plus connue. Elle est divisée en Répertoires, correspondant aux différentes branches du droit.

Ainsi, en droit public :
– Répertoire de contentieux administratif : 3 volumes.
– Répertoire de la responsabilité de la puissance publique : 1 volume.

En droit privé :
– Répertoire de droit civil : 9 volumes.
– Répertoire de droit commercial : 6 volumes.
– Répertoire des sociétés : 5 volumes.
– Répertoire de droit pénal et de procédure pénale : 5 volumes.
– Répertoire de droit du travail : 4 volumes.
– Répertoire de procédure civile : 4 volumes.

Dans chaque répertoire, la matière traitée est présentée sous forme de rubriques classées par ordre alphabétique. Par exemple, le Répertoire de Droit civil commence par les études suivantes : « Abandon de famille » ; « Absence » ; « Abus de droit ». ; etc.

La référence à une rubrique sera mentionnée par l'abréviation V° (« Verbo », en latin, qui veut dire « au mot ») : Rép. civ. V° Absence.

Chaque rubrique comprend d'abord le plan d'ensemble de l'étude, puis une bibliographie relative au sujet traité, avant les développements proprement ment dits, qui sont suivis d'une table alphabétique.

La quantité d'informations juridiques est telle que, pour en faciliter l'accès, a été créé récemment « Le Guide juridique Dalloz ». L'ouvrage expose, dans une perspective concrète et synthétique, l'ensemble du droit français. Il est composé de 5 volumes, présentés sous forme de rubriques classées par ordre alphabétique.

JURIS-CLASSEUR

Cette encyclopédie juridique publiée par les Éditions Techniques est encore plus imposante que la précédente. Elle présente l'ensemble du droit sous forme de volumes rassemblés en collections suivant la discipline considérée. Les collections principales sont les suivantes :
- Juris-classeur civil : 30 volumes
- Juris-classeur commercial : 8 volumes
- Juris-classeur sociétés : 10 volumes
- Juris-classeur de procédure : 8 volumes
- Juris-classeur pénal : 10 volumes
- Juris-classeur de droit international : 10 volumes
- Juris-classeur administratif : 7 volumes
- Juris-classeur fiscal : 11 volumes
- Juris-classeur de droit du travail : 4 volumes, etc.

Dans chaque collection, la présentation du droit varie. Parfois, elle suit l'ordre d'un code. La rubrique étudiée correspond alors à un ou plusieurs articles de ce code. Ainsi, pour les Juris-classeurs civil, commercial, pénal et procédure pénale. Le plus souvent, la matière est divisée de façon logique en rubriques ou « fascicules » dont les intitulés permettent le classement par ordre alphabétique ou thématique. Ainsi, pour les Juris-classeurs administratif ou international : les rubriques appelées « fascicules » sont alors affectées d'un numéro.

Chaque fascicule commence par la reproduction des textes législatifs ou réglementaires régissant le domaine étudié, puis suivent le plan de l'étude, un index alphabétique et enfin les développements du sujet. A ces collections, s'ajoutent parfois des volumes présentent les formulaires les plus utiles. Ainsi, le Juris-classeur Société est complété par le Juris-classeur Société-Formulaire (5 volumes), celui de procédure, par le Juris-classeur Formulaire-Procédure (7 volumes), etc.

En outre, quelques juris-classeurs sont consacrés à la présentation des textes applicables dans le domaine considéré, quand ceux-ci sont très nombreux. Par exemple, le Juris-classeur Travail (commentaires) est complété par le Juris-classeur Travail-Textes (6 volumes).

Par ailleurs, certaines collections sont relatives à une discipline relativement étroite du droit (comme le Juris-classeur Propriété littéraire et artistique en 2 volumes), voire même sont très spécialisées (comme le Juris-classeur Taxe sur le chiffre d'affaires, en 3 volumes).

Enfin, cette présentation des Juris-classeur serait incomplète si l'on ne mentionnait pas une collection particulière, intitulée « Codes et Lois - Droit public, Droit privé ». C'est un recueil de tous les textes d'intérêt général, législatifs et réglementaires, édités en fascicules constamment tenus à jour.

UTILISATION

L'encyclopédie Dalloz et les Juris-classeur présentent un intérêt certain pour l'étudiant en droit. Non pas tellement pour faciliter l'acquisition des connaissances : c'est l'objectif des manuels et précis. Mais plutôt pour disposer d'une vue exhaustive et objective d'une question donnée, en bénéficiant de références complètes sur la jurisprudence récente. Ou bien encore pour répondre à une question pratique (posée, par exemple, dans un exercice de consultation) dont la réponse n'apparaît pas évidente. Ou bien enfin pour les besoins d'une recherche sur un sujet précis.

La présentation de ces deux encyclopédies n'étant pas identique, il faudra mener la recherche de façon différente. Par exemple, s'il s'agit de trouver les règles applicables à la détermination et au changement du nom de l'enfant naturel :

– au Juris-classeur civil, on cherchera dans le volume consacré aux articles 311 à 487, où prend place le fascicule relatif aux articles 334 à 334-7 du Code Civil et intitulé « Filiation naturelle, Principe d'égalité des enfants légitimes et naturels ; Nom de l'enfant naturel ». Les dispositions en question sont exposées dans ce fascicule, parce que la matière est traitée par les articles 334-1 à 334-6 du Code Civil.

— à l'Encyclopédie juridique Dalloz, dans le Répertoire de droit civil, existe dans le tome VI la rubrique intitulée « Nom-Prénom ». C'est là que sont étudiées les questions relatives au nom de l'enfant naturel, qui constituent une partie des règles de droit positif concernant le nom des personnes physiques.

AUTRES

Dans le même esprit, quelques éditeurs publient des répertoires qui se rapprochent des deux encyclopédies présentées. C'est le cas en particulier, de la collection des « Dictionnaires permanents », publiée par les Éditions législatives et administratives et dont les titres principaux sont :
 — Droit des affaires (3 volumes) ;
 — Social (2 volumes) ;
 — Construction (2 volumes) ;
 — Fiscal (2 volumes).

S'en rapprochent aussi, moins par la forme que par l'esprit, les ouvrages publiés par les éditions Lamy : Social, Fiscal, Sociétés Commerciales, Contrats internationaux, Droit commercial, Droit économique, Construction, Droit de l'informatique, Transports ; les Mémentos pratiques des Éditions Francis Lefebvre : Fiscal, Social, Commercial, Immobilier, Sociétés commerciales, Sociétés civiles, Agriculture et Droit des affaires, ainsi que les recueils consacrés au droit des affaires des pays européens et des U.S.A., publiés par les éditions Jupiter.

Plus encore que l'Encyclopédie Dalloz et les Juris-Classeurs, que les étudiants peuvent consulter avec profit, ces derniers ouvrages, destinés avant tout aux praticiens, sont difficiles à utiliser pour apprendre le droit. En effet, les discussions théoriques, les développements historiques et les considérations sociologiques sont quasiment absentes. Toutefois, l'étudiant qui doit effectuer une recherche ponctuelle trouvera certainement des éléments intéressants dans ces ouvrages.

III. Les dictionnaires et lexiques

CAPITANT

Le plus important est le « Vocabulaire juridique » de Henri Capitant. Publié pour la première fois en 1936, il a été refondu et publié en 1987 (une quatrième édition est parue en 1994) sous la direction de M. Cornu (P.U.F.).

C'est un ouvrage imposant, comprenant la définition de 9078 mots, clefs de toutes les branches du droit. Les premiers mots définis attestent, par leur précision, de la qualité de l'ouvrage : Abandon, Abandonnataire, Abandonnement, Abattage, Abattement, Abdicatif, etc.

LEXIQUES

Ce sont des dictionnaires, au sens courant, c'est-à-dire des recueils de mots classés par ordre alphabétique et suivis d'une définition. Quand on sait l'importance de la terminologie en droit, il n'est pas discutable que l'étudiant peut tirer grand profit de ces recueils de vocabulaire, même s'ils restent succincts.

Les éditions Dalloz publient une collection de lexiques.

Certains, généraux, sont utiles aux étudiants dès le début de leurs études. Ainsi, le « Lexique de termes juridiques », le « Lexique d'économie », le « Lexique de politique ». D'autres seront utilisés plus tard, en fonction des enseignements suivis ou des centres d'intérêt de chacun (citons le « Lexique de droit immobilier », le « Lexique de banque et de bourse », le « Lexique des sciences sociales » ou le « Lexique fiscal »).

BILINGUES

Les éditions de Navarre publient trois dictionnaires juridiques bilingues (Français - Anglais, Français - Allemand, Français - Espagnol).

IV. Les ouvrages de méthode

TRAVAIL

L'une des difficultés majeures que doit surmonter l'étudiant en droit est d'acquérir, assez rapidement, une méthode de travail efficace. La science du droit n'est pas, en effet, une discipline facile, ne serait-ce que parce qu'il s'agit, presque toujours, de notions et de mécanismes de raisonnement que l'on découvre pour la première fois à l'Université. Le droit est, par excellence, une discipline de l'enseignement supérieur. En outre, les épreuves proposées au moment des examens sont d'un genre différent de celui auquel les lycéens sont habitués : la consultation juridique ou le commentaire d'arrêt obéissent, certes, aux règles de la logique et de la syntaxe (tout juriste doit savoir s'exprimer parfaitement en français, écrit et parlé), mais la technique de l'argumentation juridique obéit à des normes souvent déroutantes pour le novice.

MÉTHODE

Aussi existe-t-il des collections, publiées par les éditeurs juridiques, qui sont consacrées aux ouvrages de méthode destinés à l'étudiant en droit. Citons :
– « Exercices pratiques » (éditions Montchrestien) ;
– « Corrigés d'examen » (éditions L.G.D.J.) ;
– « Préparation à l'examen » (L.G.D.J.) ;
– « Les épreuves écrites de droit civil » (L.G.D.J.) ;
– « Travaux pratiques » (éditions Sirey) ;
– « Je veux réussir mon droit » (éditions Armand Colin) ;
– « Exercices et corrigés » (P.U.F.) ;
– « Annales du droit » (éditions Dalloz) ;
– « Méthodes du droit » (éditions Dalloz).

DALLOZ

Dans cette dernière collection, à côté des ouvrages consacrés aux méthodes habituelles de travail :
– « L'analyse de texte (méthode générale et applications au droit) » ;
– « Le commentaire d'arrêt en droit privé » ;
– « La dissertation et le cas pratique en droit privé ».

On trouve aussi des titres plus originaux, dont l'utilité pour l'étudiant est incontestable dès la première année :
– « La technique de cassation » ;
– « Théorie générale du droit » ;
– « Logique juridique » ;
– « La jurisprudence »
– « La loi » ;
– « Droit et libertés fondamentaux » ;
– « Introduction au droit et au droit français ».

Section 3. Les codes

PRIVÉS

L'étudiant et le praticien du droit ne font pas habituellement usage des codes officiels qui ont été présentés dans le chapitre précédent (p. 102). Ils utilisent en général les codes publiés par les éditeurs privés, spécialement Dalloz et Litec, car il s'agit de codes annotés.

Les codes officiels sont, en effet, insuffisants, pour trois sortes de raisons. D'abord, ces codes sont incomplets. Certains textes gouvernant la matière considérée ne sont pas intégrés, en effet, dans le code correspondant, pour des raisons essentiellement pratiques. Ainsi, la loi du 10 juillet 1965, fixant le statut de la copropriété des immeubles bâtis (et qui se compose de 48 articles) pas plus que son décret d'application du 17 mars 1967 (65 articles) n'ont été intégrés au Code civil. Mais il faut dire que le Code originaire ne comprenait qu'un seul article consacré à la copropriété (l'article 664) ! Cet article est donc demeuré abrogé, sans que la loi de 1965 ni le décret de 1967 n'aient pris sa place.

Ensuite, la jurisprudence est, on l'a vu (p. 36), une source essentielle du droit. Or, les codes officiels ne présentent que les règles émanant du Parlement ou du Gouvernement. Pourtant, le juriste a intérêt à connaître les principales décisions qui ont interprété tel ou tel article d'un code : le sens du texte est celui que la jurisprudence lui a donné. Le texte seul n'éclaire pas suffisamment sur son contenu.

Enfin, il existe des domaines du droit qui n'ont pas fait l'objet de codification. Par exemple le droit administratif. Pourtant, son application fréquente nécessite un accès facile aux sources.

Ce sont ces trois lacunes qui sont comblées par les codes privés. Deux collections sont très importantes : Dalloz (I) et Litec (II).

I. Les codes Dalloz

ROUGE

Créée en 1902, la collection des codes Dalloz (reconnaissables à leur couverture rouge) est à ce jour la plus complète.

Font l'objet d'éditions remises à jour tous les ans, les codes suivants :
– Code civil ;
– Code de commerce ;
– Code pénal ;
– Code de procédure pénale, code de justice militaire ;
– Code du travail ;
– Nouveau Code de procédure civile.
– Code général des impôts ;
– Code de la sécurité sociale, code de la mutualité, mutualité sociale agricole ;
– Code des sociétés ;

D'autres sont mis à jour périodiquement :
- Code administratif ;
- Code de la construction et de l'habitation ;
- Code électoral ;
- Code de l'environnement ;
- Livre des procédures fiscales ;
- Code des baux et de la copropriété ;
- Code rural et forestier ;
- Codes de la santé publique, de la famille et de l'aide sociale.
- Code de l'urbanisme ;
- Code des assurances ;
- Code européen des personnes ;
- Code européen de la concurrence ;
- Code de la consommation ;
- Code européen des affaires ;
- Code général des collectivités territoriales ;
- Code de la route ;
- Mégacode civil.

ORIGINAUX

Certains codes ne correspondent pas à une édition officielle, parce qu'ils n'ont pas d'équivalent dans la codification publiée par les pouvoirs publics. C'est le cas du Code administratif ou du Code de l'environnement. Les textes intervenus qui concernent la matière sont alors présentés suivant un plan logique.

Par exemple, le Code de l'environnement, publié par les Éditons Dalloz, offre l'ensemble de la documentation juridique relative à l'environnement. Les textes intervenus en la matière sont regroupés en trois parties (organisation administrative, protection de la nature, lutte contre les nuisances). L'ouvrage ainsi réalisé se présente, en fin de compte, comme un code qui serait l'œuvre des pouvoirs publics. Mais, en fait, c'est l'œuvre originale d'un éditeur privé.

CONTENU

Ce qui fait l'intérêt des codes privés, c'est la réunion d'informations qui s'ajoutent aux textes eux-mêmes et qui sont, pour l'étudiant, comme pour le praticien, indispensables.

D'abord, les articles des Codes officiels ou des textes présentés dans les Codes Dalloz sont suivis de l'indication, par la référence entre parenthèses, de la dernière modification législative ou réglementaire. Il arrive, du reste, que la version ancienne du texte soit également reproduite, lorsqu'elle est susceptible de régir encore certaines situations juridiques.

Ensuite, des notes apportent au texte de loi ou de règlement les précisions nécessaires à sa mise en œuvre (renvoi à des textes d'application, à des textes connexes, précisions concernant l'entrée en vigueur ou le champ d'application de la loi).

Puis, sont présentées des références bibliographiques, qui mentionnent les études doctrinales parues dans les principales revues juridiques et dans l'Encyclopédie Dalloz (cf p. 128).

SOMMAIRE

A la suite, viennent les sommaires (c'est-à-dire les résumés) de jurisprudence. C'est là, sans doute, que réside l'un des intérêts majeurs de cette codification privée. Sont, en effet, reproduits les sommaires des arrêts les plus importants qui ont fixé le sens des dispositions codifiées.

Par exemple, sous l'article 544 du Code civil (« La propriété est le droit de jouir et disposer des choses de la manière la plus absolue, pourvu qu'on n'en fasse pas un usage prohibé par les lois ou par les règlements ») se trouvent les résumés des arrêts de la Cour de Cassation (avec la référence aux revues dans lesquelles ils ont été publiés), affirmant que le droit du propriétaire est limité aussi par l'obligation qu'il a de ne causer à la propriété d'autrui aucun dommage dépassant les inconvénients normaux du voisinage et ce, même s'il respecte les lois et les règlements.

COMPLÉMENTS

Au Code dans sa version officielle (quand il en existe une) sont ajoutés des textes (traités, lois, ordonnances, décrets...) non incorporés au Code proprement dit, mais qui concernent directement la matière considérée.

Ainsi, la loi du 10 juillet 1965 et le décret du 17 mars 1967 (cf. p. 134) sont reproduits dans le Code civil Dalloz sous l'article 664 (seul texte du Code originaire consacré à la copropriété, aujourd'hui abrogé).

TABLES

Enfin, des tables terminent l'ouvrage : table des matières, table chronologique des textes reproduits, index alphabétique (avec renvoi aux textes et à la jurisprudence).

MÉGACODE.

En 1996, les éditions DALLOZ ont publié un Mégacode civil. Cet ouvrage reprend intégralement le texte du Code civil Dalloz en y ajoutant l'essentiel des décisions rendues en matière civile par les cours d'appel et la Cour de cassation, et qui sont extraites des bases de données juridiques. Il offre ainsi une description plus complète et plus nuancée de la jurisprudence.

II. Les codes Litec

BLEU

Les éditions Litec publient depuis quelques années deux collections de Codes.

Les premiers, à couverture bleue, sont assez semblables aux Codes Dalloz. Certains constituent la version enrichie (textes complémentaires, sommaires de jurisprudence, références doctrinales) d'une codification officielle : Code civil, Code pénal, Code de procédure pénale, Code du travail, Code de commerce, Code de procédure civile.

D'autres sont des codifications privées originales qui n'ont pas d'équivalent dans la codification officielle. Ainsi, le Code des Sociétés. Récemment sont parus aussi un Code de droit social européen, qui entre dans cette catégorie (mais sa couverture est blanche) et un Code de procédures européennes qui vient de voir le jour (couverture blanche).

ORANGE

Les seconds, à couverture orange, sont plus originaux. Ils reproduisent, en effet, la version officielle d'une codification. Mais les textes présentés, enrichis de références doctrinales et jurisprudentielles, font l'objet de véritables commentaires, par des auteurs, comme dans un répertoire. On trouve, dans cette collection : Code de la construction et de l'habitation, Code de l'urbanisme, Code de la Route, Code de l'expropriation, Code rural, Code de la copropriété, Code de la voirie routière, Code des procédures contentieuses de droit public, Code constitutionnel, Code électoral, Code boursier et des sociétés cotées.

CHAPITRE 3
L'INFORMATIQUE JURIDIQUE

DOCUMENTATION

Le juriste, étudiant ou praticien, a naturellement besoin de connaître les textes (traités, directives, lois, ordonnances, règlements...) et les décisions (notamment celles qui sont rendues par la Cour de justice des Communautés européennes, le Conseil constitutionnel, la Cour de cassation et le Conseil d'État), qui constituent la source des règles de droit.

Le mode de documentation traditionnelle, et encore le plus usité, est le recours aux publications, officielles (p. 99) ou privées (p. 105). Leur utilisation est facilitée par la réalisation de tables qui permettent de localiser l'information recherchée.

Cette documentation manuelle présente, toutefois, des insuffisances. D'une part, elle est dispersée. Par exemple, les Bulletins des arrêts de la Cour de Cassation (p. 101) ne publient pas l'intégralité des décisions rendues par la haute juridiction judiciaire. Surtout, ces arrêts sont reproduits sans commentaire. Il est donc intéressant de chercher si tel arrêt n'a pas fait l'objet d'une publication dans un recueil privé, suivie d'une note. Il peut aussi être utile de s'interroger pour savoir si, dans un domaine précis, les recueils privés n'ont pas publié d'autres arrêts que ceux qui paraissent aux Bulletins. Or, le nombre de revues, qui est considérable, obligera à effectuer un dépouillement systématique qui peut être fort long.

D'autre part, le renouvellement constant des textes, spécialement dans certains domaines (comme le droit fiscal ou le droit social) rend difficile pour le juriste la connaissance du texte actuellement en vigueur. Ainsi, la modification, par un règlement, d'une phrase ou d'un paragraphe d'un texte plus ancien oblige à rechercher ce dernier, dont la référence de la publication peut manquer ou se révéler difficile d'accès (un juriste n'est pas en général entouré d'une bibliothèque complète regroupant toutes les publications parues pendant des décennies !). Il faut comprendre, en effet, que la documentation est volumineuse et qu'aucune revue ne reproduit l'ensemble des informations.

AUTOMATISATION

D'où l'idée d'utiliser la technique informatique, qui permet d'automatiser la documentation juridique. Schématiquement, des banques de données sont constituées (Section 1), qu'il est possible ensuite d'interroger (Section 2).

Section 1. Les banques de données

FICHIER

Plusieurs organismes ont créé des banques de données juridiques. Il s'agit de fichiers informatiques qui regroupent un ensemble d'informations sur le droit, traitées par ordinateur et mises à la disposition des usagers.

Les principales banques de données sont les suivantes :

– C.E.D.I.J. (Centre de recherche et de développement en informatique juridique) : c'est un organisme commun au Conseil d'État et à la Cour de cassation. Il regroupe lois et décrets les plus appliqués et sommaires de jurisprudence.

Il est intégré aujourd'hui au Centre national d'informatique juridique (C.N.I.J.).

– Juris-data : Centre informatique des Éditions Techniques, collectant la jurisprudence des hautes juridictions françaises et de quelques cours d'appel, ainsi que des références aux études doctrinales parues dans les principales revues.
– Télé-consulte : Banque de données utilisant le système LEXIS (d'origine américaine).

Il en existe d'autres, mises en place par des professionnels dans des secteurs déterminés (par exemple, l'assurance), ainsi que par des administrations, françaises ou européennes.

DONNÉES

Ces centres informatiques mettent en mémoire des informations juridiques (textes de lois, de décrets..., décisions de justice...) sous une forme déterminée qui permet d'en faire le traitement automatique : ce sont les données.

Deux formes sont essentiellement utilisées. Ou bien le document est entré en mémoire in extenso : c'est la méthode du texte intégral (utilisé par le système LEXIS). Ou bien le document est travaillé et sa substance est synthétisée par des mots-clés : le résultat se présente alors sous la forme d'un « abstract ». C'est le système utilisé le plus fréquemment.

Ces données sont mises à jour et offertes à la connaissance des usagers par voie d'interrogation.

Section 2. L'accès aux banques de données

TERMINAL

L'usager utilise un terminal qui lui permet d'interroger la mémoire de l'ordinateur où se trouve les données. La réponse apparaît sur un écran et, si l'équipement de l'usager comporte une imprimante, le texte de l'information recherchée est mis directement à la disposition de l'interrogateur.

Cette technique présente des avantages indéniables. Mais on ne peut dissimuler ses inconvénients.

QUALITÉS

L'ensemble des données entrées en mémoire dans l'ordinateur représente un volume d'informations considérable (des dizaines de revues dépouillées sur quelques décennies). Dés lors, le champ d'investigation de l'usager est accru dans des proportions étonnantes. En même temps, la rapidité du traitement de la question posée à l'ordinateur permet à l'usager d'obtenir rapidement l'information recherchée.

Ces qualités font de la documentation informatisée une forme privilégiée d'information juridique, en progrès constants.

DÉFAUTS

L'interrogation d'une banque de données soulève, cependant, des difficultés sérieuses. Deux seront relevées.

La première tient à la formulation de l'interrogation par l'usager. Si la formulation est très large, la quantité de documents présentés est telle que l'exploitation en devient impossible. A l'inverse, si la formulation est très étroite, nombre de documents intéressants risquent de ne pas être signalés. Plusieurs raisons expliquent cette difficulté. La principale tient à la complexité du langage juridique. Parfois, un même mot (par exemple « acte ») désigne plusieurs concepts. Parfois, un même concept (par exemple « location ») est exprimé par des mots différents.

La seconde difficulté tient à la constitution, nécessairement humaine, des banques de données. De là découlent une absence de certitude quant à l'exhaustivité de l'information, d'une part, un délai plus ou moins long d'entrée des données nouvelles, d'autre part, l'imperfection possible de l'entrée en mémoire de l'information, enfin.

AVENIR

En somme, l'informatique juridique offre de réelles perspectives d'avenir, car elle facilite incontestablement l'accès à la documentation juridique. Pour l'heure, toutefois, la documentation manuelle demeure indispensable ne serait-ce que pour compléter l'information obtenue à l'aide de l'informatique.

DEUXIÈME PARTIE
LES DÉBOUCHÉS DU DROIT

MULTITUDE

Le droit mène à tout !... ou presque. Le moins que l'on puisse dire, en effet, c'est que les débouchés offerts aux diplômés de droit sont nombreux et variés. Qu'on en juge : magistrat, notaire, inspecteur des impôts, avocat, juriste d'entreprise, directeur d'hôpital, greffier, commissaire de police, fonctionnaire (dans un ministère, une préfecture, une administration régionale, départementale ou municipale), agent d'assurances, huissier, avoué, commissaire de l'air ou de la marine... Et si l'on ajoute à cette formation universitaire un diplôme complémentaire (E.N.A., Sciences politiques, Expertise-comptable...), les perspectives de carrière (diplomatie, haute fonction publique, expert-comptable, commissaire aux comptes, journaliste...), sont encore plus riches.

Pour clarifier la présentation de ces débouchés multiples, il convient d'opérer une classification tenant compte des finalités dominantes. Aussi une division tripartite s'impose-t-elle, permettant de distinguer les professions judiciaires, d'une part (Titre 1), les emplois de la fonction publique, d'autre part (Titre 2), les carrières de l'entreprise, enfin (Titre 3).

Titre 1
Les professions judiciaires

PALAIS

Ceux qui exercent des professions judiciaires se rendent au Palais de Justice. Mais ils ne remplissent pas tous la même fonction. Certains ont pour mission de rendre la justice : ce sont les magistrats (chapitre 1). D'autres ont pour activité de participer au fonctionnement des juridictions : ce sont les auxiliaires de justice (chapitre 2).

CHAPITRE 1
LES MAGISTRATS

DUALITÉ

Les magistrats font profession de rendre la justice dans une juridiction. Mais comme il existe deux ordres de juridictions (cf. p. 38) il existe deux sortes de magistrats : ceux de l'ordre judiciaire (section 1) et ceux de l'ordre administratif (section 2).

Section 1. Les magistrats de l'ordre judiciaire

FONCTIONNAIRES

Les juges dont il sera question ici sont des fonctionnaires de l'État qui font partie des juridictions judiciaires. Il ne faut pas perdre de vue, en effet, que certaines juridictions (comme les tribunaux de commerce) sont composés de juges qui ne sont pas des fonctionnaires (ce sont des commerçants élus). L'accès aux fonctions (I) est identique pour les magistrats du siège (II) et pour ceux du Ministère public (III).

I. Accès aux fonctions

RECRUTEMENT

Les voies d'accès aux fonctions judiciaires sont très nombreuses. Celle qui intéresse particulièrement les étudiants en droit passe par l'École Nationale de la Magistrature (E.N.M.). Instituée par une loi du 10 juillet 1970, elle remplace le Centre National d'Études Judiciaires créé en 1958.

E.N.M.

L'entrée à l'E.N.M. se fait par voie de concours. Celui qui est destiné aux étudiants est ouvert aux titulaires d'une maîtrise en droit ou du diplôme d'un Institut d'Études Politiques. Les candidats doivent subir quatre épreuves d'admissibilité (qui se déroulent au siège d'une cour d'appel ou d'un tribunal choisi par le candidat).

CONCOURS

Les épreuves d'admissibilité sont des épreuves écrites, chacune d'une durée de 5 heures et consistant en :
– une dissertation de culture générale (coefficient 5) ;
– une dissertation de droit civil (coefficient 4) ;
– une dissertation de droit pénal ou de droit public interne, au choix du candidat (coefficient 4) ;
– une note de synthèse (coefficient 3).

Les candidats déclarés admissibles par le jury subissent alors les épreuves orales d'admission (qui se déroulent à Paris) :
– un exposé - discussion (préparé pendant une heure) et portant sur un sujet de culture générale, d'une durée de 30 minutes (coefficient 5) ;
– quatre interrogations orales, d'une durée de 15 minutes chacune et se rapportant :
• au droit commercial ou (au choix du candidat) au droit administratif (coefficient 3) ;
• au droit pénal ou au droit public interne : celle des deux matières non choisie pour la 3e épreuve écrite (coefficient 2) ;
• à l'organisation des juridictions et la procédure (coefficient 2).
• au droit social (coefficient 2).
– une interrogation orale de langue vivante, d'une durée de 30 minutes (coefficient 2) ;
– une épreuve d'exercices physiques (coefficient 1).

Les épreuves terminées, le jury établit la liste des candidats admis par ordre de mérite, dans la limite des places mises au concours, liste publiée au Journal Officiel. Les candidats reçus sont ensuite nommés auditeurs de justice par arrêté du Garde des Sceaux, Ministre de la Justice.

STATISTIQUES

Au cours des dernières années, 120 postes par an (en moyenne) ont été offerts à ce concours. 1 800 à 2 000 candidats sont chaque année autorisés, après examen des candidatures, à concourir. Seulement 1 200 se présentent aux épreuves. La sélection paraît néanmoins sévère, à première vue (1 sur 10). Les préparations organisées par les Instituts d'Études Judiciaires, dans les universités, accroissent toutefois les chances des candidats dans des proportions très importantes.

TRAITEMENT

Les auditeurs de justice appartiennent au corps judiciaire et ils doivent, en conséquence, prêter serment et respecter le secret professionnel. Ils perçoivent une rémunération (un traitement auquel s'ajoutent diverses indemnités).

SCOLARITÉ

La scolarité à l'E.N.M. a pour but de permettre aux auditeurs de justice d'apprendre le métier de magistrat. Elle dure 28 mois. Elle comprend une période qui se déroule au siège de l'École à Bordeaux, où l'auditeur suit des directions d'études et des conférences. Elle est complétée par une activité juridictionnelle, c'est-à-dire une formation pratique effectuée au sein d'une juridiction. Les auditeurs de justice subissent, enfin, un examen de classement qui permet au jury, éclairé aussi par les notes obtenues pendant la scolarité, de dresser la liste des auditeurs aptes aux fonctions judiciaires, par ordre de mérite. Ceux-ci choisissent alors, parmi ceux proposés par le Ministère de la Justice, le poste de leur première affectation.

NOMINATION

Tous les magistrats de l'ordre judiciaire sont nommés par décret du Président de la République (publié au JO). Ils deviennent alors membres de l'autorité judiciaire, laquelle, suivant la Constitution est la gardienne de la liberté individuelle.

Leurs fonctions varient, toutefois, suivant qu'ils sont Magistrats du Siège (II) ou du Ministère Public (III).

II. Les Magistrats du Siège

ASSISE

Les juges du siège composent la magistrature « assise » ; ainsi surnommée car ils rendent la justice en restant assis. Leur fonction est donc de prononcer des jugements et arrêts pour trancher les litiges entre les particuliers (juridictions civiles) ou sanctionner les délinquants qui ont commis des infractions (juridictions répressives).

INDÉPENDANCE

Les juges du siège se voient confier une mission essentielle. Ils doivent, en effet, rendre des décisions pour trancher les procès qui leur sont soumis, en vue d'assurer la paix sociale. Ainsi, les litiges entre particuliers recevront-ils une solution. Mais les magistrats ont aussi l'obligation, en prononçant leurs jugements, de protéger les libertés individuelles. Objectif capital, notamment en matière pénale, mais délicat à réaliser car le juge doit aussi sanctionner le délinquant pour préserver l'ordre public. C'est la raison pour laquelle l'accomplissement de leur mission nécessite que les juges statuent en toute indépendance, tant à l'égard du pouvoir politique que vis-à-vis des justiciables. A cette fin, les juges du siège bénéficient de l'inamovibilité.

Cette garantie signifie qu'un juge du siège ne peut recevoir, sans son consentement, une affection nouvelle ou une promotion. De plus, les sanctions disciplinaires (en fait, extrêmement rares) qui pourraient être prononcées ne peuvent être décidées que par le Conseil Supérieur de la Magistrature, dont la fonction est précisément d'assurer l'indépendance de l'autorité judiciaire.

Dans le même sens, cette indépendance est assurée à l'égard des justiciables au moyen de l'irresponsabilité. Cela signifie que si un juge du siège commet une faute dans l'exercice de son activité, il ne peut pas voir sa responsabilité personnelle engagée par un plaideur. L'État, tenu d'assurer le service public de la justice, supportera seul, vis-à-vis du justiciable, les conséquences du comportement fautif du juge (lequel n'échappera pas, évidemment, à des sanctions disciplinaires).

Ainsi est garantie l'impartialité de la justice.

FONCTIONS

Au début de sa carrière, le jeune magistrat peut exercer des fonctions très différentes. Ainsi, il peut être nommé :

1°) Juge au tribunal de grande instance.

Il exerce des activités variées :

a) comme juge civil :

– il est juge de la responsabilité civile, c'est-à-dire qu'en présence de dommages, il en détermine le ou les responsables et évalue le montant des indemnités réparant ces dommages ;

– il est juge des contrats : il règle les difficultés d'exécution des contrats civils ;

– il est juge de la construction : il statue sur les conséquences des constructions défectueuses ;

– il est juge des questions familiales : il est saisi des difficultés surgissant au sein du couple (divorce notamment) ; des questions touchant à la situation des enfants dans la famille, de l'adoption.

b) comme juge pénal :

— il statue, au sein du tribunal correctionnel, sur la culpabilité des personnes poursuivies pour des infractions de gravité moyenne et, si la culpabilité est reconnue, prononce la sanction.

2°) Juge d'instance.

Il est très proche du justiciable, traitant des affaires touchant à la vie quotidienne :

a) attributions civiles :

— comme le juge du tribunal de grande instance, il est juge de la responsabilité civile, juge des contrats et juge de la construction lorsque le procès porte sur des sommes ne dépassant pas un certain montant ;

— de plus, comme juge des tutelles, il assure la protection des biens des mineurs orphelins et des adultes subissant une altération de leurs facultés physiques ou mentales telle que leur volonté ne peut s'exprimer valablement ;

— il a également compétence exclusive dans certaines matières (contentieux électoraux, loyers...).

b) attributions pénales :

— il statue, dans le cadre du tribunal de police, sur les infractions d'une importance moindre que celles jugées par le tribunal correctionnel.

Dans tous les cas, le juge d'instance statue seul.

3°) Juge d'instruction.

Il mène une enquête approfondie sur des infractions d'une certaine gravité, ce qui peut le conduire à prendre, à l'égard de la ou des personnes soupçonnées, une mesure de contrôle ou d'emprisonnement.

4°) Juge des enfants.

Il est chargé d'apporter son aide aux mineurs en difficulté et, lorsqu'il s'agit de délinquants, de les sanctionner si nécessaire.

Il préside le tribunal pour enfants.

5°) Juge de l'application des peines.

Après une condamnation, il est chargé tant de la mise en œuvre de la peine que de l'aide à la réinsertion du condamné.

III. Magistrats du Ministère public

PARQUET

Toute autre est la situation des magistrats du Ministère Public (appelé aussi, traditionnellement, « Parquet » du fait que les juges qui le composent ne siégeaient pas sur l'estrade mais se trouvaient sur le parquet de la salle d'audience). Cette magistrature « debout » (car le représentant du parquet se lève quand il s'adresse au juge du siège) ne juge pas. En effet, les magistrats du Ministère Public sont les agents du Pouvoir exécutif auprès des Tribunaux. Leur mission consiste à représenter l'État devant eux et à requérir l'application de la loi dans l'intérêt de la société.

HIÉRARCHIE

D'où il découle une différence de statut avec ses collègues du siège : le magistrat du Ministère Public fait partie d'un corps hiérarchisé, soumis à l'autorité du Garde des Sceaux, Ministre de la Justice. Il est donc dépendant de son supérieur et s'expose à des sanctions disciplinaires (du reste peu fréquentes) en cas de désobéissance aux ordres reçus.

Mais parce qu'ils sont membres, comme les juges du siège, de l'autorité judiciaire, les magistrats du Parquet peuvent, au cours de leur carrière, exercer les fonctions de jugement de même qu'à l'inverse les magistrats du siège peuvent passer au Parquet.

PÉNAL

Le rôle du Ministère Public est essentiel en matière pénale. En effet, le Procureur de la République ou l'un de ses substituts doit être informé de toutes les infractions constatées par la police ou la gendarmerie. Il peut ordonner des enquêtes et, surtout, saisir la juridiction répressive. Suivant la gravité de l'infraction, il soumettra l'affaire à un juge d'instruction ou directement à une juridiction de jugement. A l'audience, il propose au juge (du siège) une décision en prenant des réquisitions.

Au début de sa carrière, le jeune magistrat peut exercer les fonctions de substitut du Procureur de la République.

Section 2. Les magistrats de l'ordre administratif

E.N.A.

La voie d'accès par excellence à la juridiction administrative est l'École Nationale d'Administration (E.N.A.).

1) Le corps des magistrats qui composent les tribunaux administratifs et les cours administratives d'appel, organisé par la loi du 6 janvier 1986, est recruté ainsi parmi les anciens élèves de l'E.N.A.

Mais certains magistrats accèdent par la voie d'un tour extérieur (c'est-à-dire qu'il s'agit, en fait, d'un recrutement latéral). Ce sont alors des personnes qui sont choisies, par le pouvoir exécutif, en raison de leur bonne connaissance de l'Administration (dont l'activité, précisément, sera jugée par les juridictions administratives).

2) Le personnel du Conseil d'État (environ 200 personnes) constitue un corps autonome. Il est distinct, notamment, du corps des magistrats des tribunaux et cours administratives d'appel.

Mais le recrutement s'effectue de manière comparable : anciens élèves de l'E.N.A. et tour extérieur. Mais des diplômés de l'E.N.A., accèdent seuls aux fonctions d'auditeur de 2e classe (à la base). Par avancement, ils peuvent devenir auditeurs de 1re classe, puis maîtres des requêtes et enfin conseillers d'État. C'est seulement à ces deux échelons plus élevés qu'intervient le tour extérieur.

STATUT

Les magistrats de l'ordre administratif sont inamovibles (c'est-à-dire qu'ils ne peuvent être déplacés, ni même recevoir un avancement, sans leur consentement). L'avancement dépend des propositions du Conseil Supérieur des Tribunaux Administratifs, pour les membres de ces tribunaux. Pour les autres magistrats, l'avancement se fait au sein de la juridiction.

FONCTIONS

Ces magistrats siègent dans les nombreuses juridictions administratives qui existent en France. La plupart exercent leurs fonctions dans les juridictions de droit commun : Conseil d'État, cours administratives d'appel et tribunaux administratifs (v. schéma, p. 38). Quelques-uns siègent dans les juridictions spécialisées : Cour des comptes, Cour de discipline budgétaire et financière, Chambres régionales des comptes, essentiellement.

CHAPITRE 2
LES AUXILIAIRES DE JUSTICE

PRATICIENS

Les auxiliaires de justice sont des praticiens du droit qui participent à l'activité des juridictions sans être magistrats. Les plus connus sont les avocats (section 1). Mais il en existe d'autres : certains, à la différence des avocats, sont officiers ministériels (section 2). Les autres ont pour point commun d'être des auxiliaires du juge (section 3).

Section 1. Les avocats

CICÉRON

La profession d'avocat est très ancienne et des personnages illustres d'hier (Cicéron ou Robespierre) et d'aujourd'hui (François Mitterrand) l'ont exercée.

C'est un débouché naturel des études de droit et la récente réforme de la profession, réalisée par la loi du 31 décembre 1990 (J.O., 5 janv. 1991, p. 219), qui a fusionné les fonctions d'avocat et celles de conseil juridique, en réunissant les deux professions sous le nom d'avocat, accroît encore l'attrait de cette activité pour les diplômés de droit. D'où l'intérêt de préciser les conditions d'accès à la nouvelle profession (I) avant de présenter les fonctions qu'exerce aujourd'hui l'avocat (II).

I. L'accès à la profession d'avocat

MAÎTRISE

A) La loi du 31 décembre 1990 (dont l'entrée en vigueur a été fixée au 1er janvier 1992) prévoit, tout d'abord, des conditions à remplir pour prétendre accéder à cette profession :

1) être français, ou ressortissant d'un État membre de l'Union Européenne ;

2) être titulaire d'une maîtrise en droit (ou d'un diplôme reconnu équivalent) ;

3) être titulaire du certificat d'aptitude à la profession d'avocat ;

4) n'avoir pas été l'auteur de faits ayant donné lieu à condamnation pénale pour agissements contraires à l'honneur, à la probité, ou aux bonnes mœurs.

C.A.P.A.

B) La même loi organise, ensuite, la formation professionnelle du futur avocat. En effet, l'exercice de la profession d'avocat n'est possible que si l'étudiant :

1) a subi avec succès un examen d'entrée à un centre régional de formation professionnelle.

C'est un examen organisé par les universités et qui comprend :

– deux épreuves écrites d'admissibilité : l'une étant une dissertation de culture juridique générale, l'autre la rédaction d'une note de synthèse.

– des épreuves orales d'admission, composées d'interrogations portant sur diverses matières enseignées en maîtrise (et dont l'étudiant peut être dispensé s'il a déjà subi ces épreuves pour l'obtention de sa maîtrise) et d'un exposé-discussion portant sur un sujet pratique préparé par le candidat pendant une heure, exposé devant le jury, qui ouvre ensuite la discussion, pendant une demi-heure.

2) a suivi, pendant une année, une formation au sein d'un centre régional de formation professionnelle d'avocat. Cette formation est à la fois théorique (cours et séminaires) et pratique (sous forme de stages). En particulier, l'élève doit effectuer obligatoirement un stage dans un cabinet d'avocat, qu'il peut compléter par des stages dans une juridiction ou auprès d'un autre professionnel du droit (comme un avoué).

Cette formation est sanctionnée par le certificat d'aptitude à la profession d'avocat (C.A.P.A.) : c'est un examen organisé par le centre de formation et qui comprend une épreuve écrite de nature pratique (par exemple, la rédaction de conclusions) et des épreuves orales (notamment un exercice de plaidoirie).

3) a effectué un stage de deux années dans un cabinet d'avocat, sanctionné par un certificat de fin de stage délivré par le centre de formation professionnelle.

Mais dès la réussite du candidat aux épreuves du C.A.P.A., il peut demander son inscription à un barreau – après avoir prêté serment devant la cour d'appel – et il exercera les actes de la profession, sous la direction de son maître de stage, avec le titre d'avocat (« inscrit sur la liste du stage »).

II. La profession d'avocat

BARREAU

Un avocat est nécessairement inscrit à un barreau : on désigne par ce mot (qui dérive de la « barre » du tribunal qui sépare l'endroit où plaident les avocats du lieu où siègent les juges) l'ensemble des avocats dont le cabinet se trouve dans le ressort du même tribunal de grande instance (ainsi, les avocats inscrits au barreau de Nîmes ou inscrits au barreau de Lille).

La loi du 31 décembre 1990 a créé un Conseil national des barreaux. Il est composé d'avocats élus,

à la proportionnelle, par des délégués eux-mêmes élus par les avocats des barreaux du ressort de chaque cour d'appel. Ce conseil national est chargé :
– de représenter la profession d'avocat auprès des pouvoirs publics ;
– de veiller à l'harmonisation des règles et usages de la profession ;
– d'organiser la formation initiale et continue des avocats.

ORDRE

Chaque barreau constitue un ordre indépendant, dirigé par un conseil (le « Conseil de l'ordre ») et présidé par un bâtonnier. Ce dernier représente l'ordre, tandis que le conseil exerce essentiellement des attributions disciplinaires, en cas de faute commise par un avocat.

LIBÉRALE

Suivant la loi du 31 décembre 1990, qui reprend une longue tradition, « la profession d'avocat est une profession libérale et indépendante ». L'expression signifie que l'avocat, qu'il exerce seul ou en société, n'est pas titulaire d'un office ministériel et que ses honoraires sont fixés librement, par accord avec le client. Cela n'empêche pas l'avocat d'exercer sa profession à titre de salarié d'un autre avocat : c'est l'un des aspects essentiels de la réforme de 1990, qui s'explique par le fait que les conseils juridiques ont toujours pu exercer leur profession en qualité de salarié.

Précisément, depuis cette réforme, les fonctions de l'avocat rassemblent les fonctions exercées par l'avocat avant la loi de 1990 et celles de conseil juridique.

A. Les fonctions d'avocat

Schématiquement, ces fonctions sont de deux natures différentes.

POSTULATION

1) Représentation.

L'avocat représente les parties à un procès devant la juridiction compétente. Cette mission, dite de « postulation », s'exerce devant le tribunal de grande instance et elle est réservée aux avocats inscrits au barreau installé auprès de ce tribunal.

La fonction de postulation consiste à accomplir les différents actes de procédure : saisine du tribunal, échange des pièces communiquées au débat, développement des prétentions des plaideurs dans les conclusions écrites, etc.

Sauf exception, toute « instance » (c'est-à-dire « procès ») introduite devant le tribunal de grande instance, nécessite l'intervention d'un avocat pour représenter les parties.

PLAIDOIRIE

2) Assistance.

Devant toute juridiction (à l'exception du Conseil d'État et de la Cour de cassation : cf. p. 169), l'avocat peut assister les parties par une plaidoirie : c'est l'exposé oral des arguments destinés à faire triompher la cause du client. Il peut s'agir d'une juridiction civile, répressive ou administrative.

L'assistance se manifeste également par l'aide que l'avocat apporte à son client pour accomplir un acte de procédure (ainsi, rédiger une assignation), participer à une expertise, assurer l'exécution d'une décision de justice, être présent lors de l'interrogatoire de l'inculpé par le juge d'instruction, etc.

B. Les fonctions de conseil juridique

CONSULTATION

Il entre dans la mission traditionnelle de l'avocat de donner des conseils d'ordre juridique (sous forme de « consultation ») et de rédiger des actes sous seing privé (contrats de travail, par exemple).

Mais les fonctions d'avocat ont été très longtemps liées au contentieux. De sorte que les entreprises (beaucoup plus rarement, les particuliers) ont pris l'habitude de s'adresser à des spécialistes du droit intervenant hors de tout procès : les conseils juridiques. La dualité de profession, que la logique n'imposait pas et que nos voisins européens ne connaissent pas, a été supprimée par la loi du 31 décembre 1990.

De telle sorte qu'aujourd'hui l'avocat est celui qui exerce, outre les fonctions judiciaires d'assistance et de représentation, les activités de conseil, comme donner des consultations, rédiger des actes, procéder à des formalités (par exemple, l'enregistrement d'une vente de fonds de commerce), apporter son concours à des clients pour la rédaction de déclarations (fiscales, par exemple), ou de mémoires adressés à l'administration, assister ou représenter son client devant un organisme public ou privé (telle que la commission de conciliation en matière de baux commerciaux).

Pour ces activités, toutefois, l'avocat ne dispose pas d'un monopole. Si, en effet, la loi du 31 décembre 1990 a, pour la première fois, réglementé la consultation en matière juridique et la rédaction d'actes sous seing privé, en vue d'assurer la protection des particuliers, elle n'a pas réservé aux avocats, ni même aux autres auxiliaires de justice, l'accomplissement de ces fonctions. D'autres personnes en ont le droit, dans leur domaine d'activité (par exemple, les juristes d'entreprise, au profit de leur employeur, les associations familiales ou les syndicats, relativement aux questions se rapportant à leur activité, etc.).

Section 2. Les officiers ministériels

OFFICE

Certains auxiliaires de justice sont officiers ministériels. Cette qualité comporte deux avantages. D'une part, le titulaire de l'office bénéficie d'un monopole. En contrepartie, il doit exercer son ministère pour toute personne qui le requiert. D'autre part, l'officier ministériel qui cède sa charge a le droit de présenter son successeur au Garde des Sceaux, qui ne peut nommer que la personne présentée. En échange, celle-ci verse au titulaire de l'office une somme d'argent (calculée d'après les revenus de l'étude).

Il existe de nombreuses catégories d'officiers ministériels. L'une sera présentée, toutefois, dans la section suivante : ce sont les greffiers des tribunaux de commerce. Une autre sera seulement évoquée : c'est celle des commissaires-priseurs. Ils sont chargés de la vente aux enchères des meubles corporels, soit à l'amiable (ils en sont requis par le propriétaire), soit après saisie (le débiteur n'ayant pu – ou voulu – payer ses dettes). La fonction est accessible aux diplômés d'une licence en droit, mais ils doivent compléter leur formation par l'acquisition de connaissances artistiques, puis réussir un examen professionnel et enfin accomplir un stage de deux ans.

Doivent, par conséquent, être examinés les officiers ministériels suivants : huissier (I), avoué près la cour d'appel (II), avocat aux conseils (III) et notaire (IV).

I. Huissier de Justice

Que fait un huissier ? Comment devient-on huissier ?

FONCTIONS

A) L'huissier de justice exerce des fonctions variées. Certaines se rattachent à son monopole d'officier ministériel (1), d'autres s'expliquent par sa qualité de praticien du droit (2).

MONOPOLE

1) En tant qu'officier ministériel, l'huissier détient un triple monopole :

– signification : il est seul habilité à notifier officiellement les actes judiciaires (assignations, jugements...) et extrajudiciaires (sommations, commandements de payer...) ;

– exécution : il procède à l'exécution forcée des décisions (par saisies ou expulsions) ;

– audience : s'il a la qualité d'huissier-audiencier, il assure la police de l'audience.

Dans le cadre de son monopole, les actes d'huissier ont un caractère authentique.

PRATICIEN

2) En tant que praticien du droit, l'huissier de justice peut donner des consultations juridiques, rédiger des actes sous seing-privé, recouvrer des créances, établir des constats (sur ordre d'un juge ou à la requête d'une personne), etc.

ACCÈS

B) Pour devenir huissier de justice, il faut d'abord être titulaire, soit d'une licence en droit, soit d'un diplôme universitaire de technologie (D.U.T.) des carrières juridiques et judiciaires ou du diplôme de l'école nationale de procédure (sous l'égide de la Chambre nationale des huissiers) ou de la capacité en droit ou du D.E.U.G. de droit, si l'on a exercé les fonctions de clerc d'huissier pendant 10 ans au moins.

Il est nécessaire, ensuite, d'accomplir un stage professionnel (de deux ans au moins) puis de subir avec succès un examen professionnel (portant essentiellement sur des questions de procédure).

Pour exercer sa profession, l'huissier peut acquérir une charge, ou constituer une société professionnelle qui sera titulaire de l'office.

II. Avoué près la cour d'appel

Que fait un avoué ? Comment devient-on avoué ?

FONCTIONS

A) Les avoués près les cours d'appel sont des officiers ministériels qui ont le monopole (sauf en matière prud'homale) de représenter les plaideurs devant la cour d'appel.

Ce qui veut dire qu'ils assurent la postulation (accomplissement des actes de procédure) et rédigent les conclusions (développement des arguments invoqués dans l'intérêt des parties). L'avocat est alors chargé de l'assistance des parties notamment par les plaidoiries.

Dans le cadre de leur activité, les avoués peuvent donner des consultations juridiques.

ACCÈS

B) La profession d'avoué à la cour nécessite le diplôme de la licence en droit.

Il faut, en outre, accomplir un stage de formation professionnelle de deux ans, au moins, puis subir avec succès un examen professionnel.

Comme l'huissier de justice, l'avoué à la cour peut exercer sa fonction à titre individuel, en acquérant une charge, ou en société professionnelle.

III. Avocat aux Conseils

Que fait un avocat aux conseils ? Comment le devient-on ?

FONCTIONS

A) Les avocats au Conseil d'État et à la Cour de cassation (dits « avocats aux conseils ») ont le monopole (sauf recours pour excès de pouvoir ou matière prud'homale) de représentation des plaideurs devant ces deux hautes juridictions.

Ils exercent, en somme, les fonctions d'avoué et d'avocat. Ils peuvent aussi, dans le cadre de leur activité, donner des consultations juridiques.

ACCÈS

B) Pour accéder à la fonction d'avocat aux conseils, il est nécessaire d'être titulaire de la maîtrise en droit, d'avoir au moins 25 ans et d'accomplir un stage de 3 ans au moins comme avocat. Il faut ensuite subir avec succès un examen professionnel.

La fonction peut être exercée à titre individuel ou sous forme de société professionnelle.

IV. Notaire

Que fait un notaire ? Comment devient-on notaire ?

FONCTIONS

A) Officier ministériel, le notaire n'est pas, au sens strict, un auxiliaire de justice (sauf lorsqu'un juge le charge d'une mission particulière, notamment de procéder à une vente).

Mais ses attributions ne doivent pas, justement, être confondues avec celles des autres officiers ministériels. Certaines se rattachent à son monopole (1), d'autres s'expliquent par sa qualité de spécialiste du droit (2).

MONOPOLE

1) Le notaire a le pouvoir d'établir des actes authentiques, c'est-à-dire ayant une force probante exceptionnelle, et dotés de la force exécutoire (donc permettant l'exécution forcée sans avoir recours au juge).

— Parfois, c'est la loi elle-même qui impose l'acte notarié : ainsi pour le contrat de mariage, la constitution d'hypothèque ou le contrat de donation.

— Souvent, l'intervention du notaire est indispensable car il faut procéder à la publicité foncière, qui impose la rédaction d'un acte authentique. D'où la rédaction systématique d'actes notariés en matière immobilière (ventes, constructions...).
— Fréquemment, les particuliers demandent au notaire de revêtir l'acte juridique du caractère authentique, sans nécessité légale. Ainsi pour les ventes de fonds de commerce ou locations d'immeubles. Les parties s'assurent, par cette voie, un acte fiable et exécutoire.

CONSEIL

2) En marge de cette activité liée au monopole qui leur est reconnu, les notaires exercent une importante fonction de conseil. En effet, le notaire est un praticien du droit dont le domaine d'intervention est très vaste : de ce fait, le notaire est souvent consulté et conseille les particuliers ainsi que les entreprises sur l'application non contentieuse du droit.

ACCÈS

B) L'accès à la profession de notaire nécessite la maîtrise en droit.
Cette formation universitaire générale doit toutefois être complétée par une formation professionnelle, tant pratique que théorique. A l'heure actuelle, deux voies d'accès sont prévues.

1) La voie universitaire, d'abord, se déroule en deux phases. Dans la première, le maître en droit doit obtenir un D.E.S.S. notarial (cf. p. 87). Puis, il trouve un stage chez un notaire et, parallèlement à l'exercice de son apprentissage, il s'inscrit en vue de l'obtention du D.S.N. (Diplôme Supérieur du Notariat). Quatre semestrialités, avec chacune une dominante (immobilier, sociétés, etc.) sont organisées sous forme de séminaires, sanctionnées par des épreuves écrites et de contrôle continu. Elles peuvent

être suivies indépendamment l'une de l'autre. Le candidat qui a obtenu ces quatre examens prépare alors un mémoire, sous la direction d'un professeur d'université. Il soutient ce mémoire devant un jury composé, outre le directeur du mémoire, de deux notaires et obtient ainsi son diplôme de notaire. Il peut exercer, alors, sa profession.

2) La voie professionnelle a été récemment modifiée par le décret n° 89-399 du 20 juin 1989 (J.O. 21 juin 1989). Le titulaire d'une maîtrise en droit passe, dans un premier temps, un examen d'entrée dans un centre de formation professionnelle. S'il est reçu, il suit pendant un an une formation pratique sous forme de séminaires. Puis il subit un examen de sortie, dont les épreuves sont pratiques. S'il échoue, il peut redoubler une fois. S'il réussit, il prend le titre de « notaire stagiaire » et doit effectuer pendant 2 ans, un stage (avec séminaires) et préparer un rapport qu'il soutiendra à l'issue du stage.

Il pourra, ensuite, exercer les fonctions de notaire.

3) La personne qui a obtenu, par l'une de ces deux voies, le diplôme de notaire, peut exercer la profession soit en acquérant une charge, soit en devenant associé d'une société elle-même titulaire d'une charge, soit en étant salarié d'un notaire ou d'une société.

Section 3. Les auxiliaires du juge

JUSTICE

Peuvent être rassemblés sous cette formule les juristes professionnels qui participent au fonctionnement de la justice soit de manière permanente (c'est le cas des greffiers, I), soit lorsqu'une décision de justice les désigne (ainsi des administrateurs judiciaires, II).

I. Les greffiers

ADMINISTRATION

Le greffe d'une juridiction, c'est son service administratif, sans lequel la juridiction ne pourrait fonctionner.

Depuis la loi du 30 novembre 1965, les greffiers sont des fonctionnaires, à l'exception des greffiers des tribunaux de commerce, qui sont restés officiers ministériels. Leurs attributions sont pratiquement les mêmes (1), quoique leur statut soit différent ; d'où des conditions d'accès identiques (2).

FONCTIONS

A) Les fonctions du greffier sont variées.

Outre celles qui s'apparentent aux fonctions administratives (gestion des locaux et du matériel, etc.), les plus importantes sont celles qui font du greffier l'assistant du juge. C'est lui qui enregistre (ou « enrôle ») les affaires sur le rôle de la juridiction, veille au bon déroulement de la procédure, prévient les parties des dates de clôture, d'audience, de renvois, etc.

A l'audience, la présence du greffier est indispensable : il tient le registre (dit « plumitif ») sur lequel sont mentionnés les décisions, les explications des parties, les dépositions des témoins, les incidents, etc. Après le prononcé du jugement, c'est le greffier qui conserve l'original (dit « minute ») de la décision, en délivre des copies : l'une, revêtue de la formule exécutoire, est dite « grosse », les autres sont des expéditions ; seule la copie exécutoire ou « grosse » permet de passer à l'exécution forcée de la décision. Il tient aussi le registre sur lequel la mention de certaines voies de recours devra être indiquée, puis en avertira l'autre partie et son avocat, etc.

En outre, le greffier de certaines juridictions a une compétence particulière. Ainsi, un double des registres d'état civil est déposé au greffe du tribunal de grande instance. Le même greffe tient le registre des renonciations à succession. De même, la publicité des créations, mutations ou cessations de commerce est assurée par le greffe du tribunal de commerce.

ACCÈS

B) Pour devenir greffier en chef ou greffier d'un tribunal de commerce, il faut être titulaire de la licence en droit.

Un recrutement est organisé par concours, puis les candidats reçus sont astreints à une formation professionnelle sous la forme d'un stage d'une durée d'un an à l'école nationale des greffes (Dijon). A l'issue de cette formation, les stagiaires doivent passer un examen d'aptitude, qui comprend des épreuves écrites et orales, théoriques comme pratiques. Le greffier en chef est un fonctionnaire de catégorie A.

Le greffier en chef est assisté, dans l'exercice de ses fonctions, par des greffiers. Cet emploi est accessible par voie de concours de la fonction publique, catégorie B. En d'autres termes, peuvent s'y présenter les titulaires du baccalauréat ou d'un diplôme équivalent, notamment les capacitaires en droit. Naturellement, les titulaires d'un D.E.U.G. de droit qui se présentent aux épreuves de ce concours ont plus de chances de succès encore.

II. Les administrateurs

JUDICIAIRES

Les auxiliaires de justice dont il est question sont nommés par la loi n° 85-99 du 25 janvier 1985 : « administrateurs judiciaires » et « mandataires-liquidateurs ». Ces professionnels du droit interviennent dans les procédures de faillite (appelées procédures de « redressement judiciaire » et de « liquidation judiciaire » par la loi n° 85-98 du 25 janvier 1985). Ils sont chargés par décision de justice :

– d'administrer les biens de l'entreprise en cessation des paiements ou d'exercer les fonctions d'assistance ou de surveillance dans la gestion de ces biens (administrateurs judiciaires). Cette mission pourrait aussi être dévolue en dehors d'une faillite (ainsi, pour la gestion du patrimoine d'un incapable) ;
– de représenter les créanciers de l'entreprise en cessation des paiements et de procéder à la liquidation si le redressement n'est pas possible (mandataires-liquidateurs).

ACCÈS

Ces professions peuvent être exercées (et le sont en général) par des titulaires d'une maîtrise en droit répondant, en outre, à des conditions de stage (chez un administrateur ou un liquidateur). La qualité d'administrateur est, du reste, compatible avec l'exercice de la profession d'avocat, mais non celle de mandataire-liquidateur. Ce sont, toutes deux, des professions libérales dont les membres ne sont pas officiers ministériels.

Titre 2
Les emplois de la fonction publique

La fonction publique, souvent décriée (l'administration, par ses lenteurs voire ses tracasseries, est fréquemment l'objet de railleries) est aussi convoitée par ceux qui espèrent y trouver le moyen d'obtenir un emploi stable à défaut d'être, pensent-ils, très intéressant ou rémunérateur.

Chaque année, un certain nombre d'étudiants décident de se présenter à un ou plusieurs concours administratifs. Ils en escomptent certains avantages tels, bien sûr, la stabilité de l'emploi, mais aussi, l'acquisition d'une formation dispensée par les écoles de la fonction publique, les possibilités d'avancement et de promotions internes (sans parler de la possibilité – argument souvent avancé par les femmes – de bénéficier, sans doute plus facilement que dans le secteur privé, de périodes de « disponibilité » avec la certitude de conserver son emploi).

CHOIX

Mais si ces avantages guident souvent les candidats, il semble que le choix des concours présentés relève quelquefois plus du hasard que d'une décision prise en connaissance de cause. C'est pourquoi après avoir rappelé les règles essentielles applicables à la fonction publique (chapitre 1) il faudra présenter les principaux concours administratifs (chapitre 2).

CHAPITRE 1
LA FONCTION PUBLIQUE

Un certain nombre de règles s'appliquent aux agents qui sont au service des pouvoirs publics (section 1). Auparavant, ceux qui veulent accéder à la fonction publique doivent s'y préparer (section 2).

Section 1. Règles fondamentales régissant les fonctionnaires

Aux termes de diverses lois promulguées en 1984, doivent être considérées comme fonctionnaires les personnes qui ont été nommées dans un emploi permanent et titularisées dans un grade de la hiérarchie des administrations centrales de l'État ou la hiérarchie administrative des communes, des départements, des régions ou de leurs établissements publics.

I. Le statut des fonctionnaires

IMPOSÉ

Le fonctionnaire est vis-à-vis de l'administration dans « une situation statutaire et réglementaire », ce qui signifie que le fonctionnaire n'a pas de lien juridique contractuel à l'égard de l'administration (à la différence d'un salarié du secteur privé lié à son employeur par un contrat de travail). Le statut s'applique donc au fonctionnaire sans que celui-ci ait un pouvoir de discussion ou de négociation. En outre, des modifications de ce statut peuvent toujours intervenir. Les règles sont donc les mêmes pour tous les agents placés dans la même situation.

Deux remarques cependant :
– ce statut général peut ne pas s'appliquer à certains agents de l'État (personnels militaires, fonctionnaires des assemblées parlementaires...) ;
– des statuts particuliers peuvent déroger à quelques dispositions du statut général lorsque ces dernières ne correspondent pas aux besoins propres de certains corps (par ex. membres des corps recrutés par la voie de l'École Nationale d'administration – voir p. 186 – ou des corps enseignants).

II. Corps, catégories, grades et échelons

La loi du 11 janvier 1984 relative à la fonction publique décide que « les fonctionnaires appartiennent à des corps qui comprennent un ou plusieurs grades et sont classés, selon leur niveau de recrutement, en catégories ».

CORPS

« Ces corps groupent les fonctionnaires soumis au même statut particulier ». Un corps regroupe donc les fonctionnaires exerçant un même type d'activité et c'est à l'intérieur de ce corps que se déroulera en principe la carrière du fonctionnaire. C'est ainsi que l'on parlera du corps des inspecteurs du Trésor, du corps des inspecteurs des PTT, du corps des contrôleurs des impôts...

CATÉGORIE

Ces corps « sont répartis en quatre catégories désignées dans l'ordre hiérarchique décroissant par les lettres A, B, C et D ». Le classement repose sur le niveau de recrutement des agents.

Les fonctionnaires de catégorie A sont chargés de tâches de conception, de direction et d'encadrement.

Leur niveau de recrutement est celui des diplômes de l'enseignement supérieur (le plus souvent la licence).

Les fonctionnaires de catégorie B sont chargés de fonctions d'application. Leur niveau de recrutement est celui du baccalauréat.

Les fonctionnaires des catégories C et D effectuent des tâches d'exécution et sont recrutés au niveau du brevet (catégorie C) et du certificat d'études, ou même sans diplôme (catégorie D). Cette dernière catégorie est appelée à disparaître.

Ainsi appartiennent à la catégorie A les attachés d'administration centrale, les inspecteurs des PTT, des impôts, des douanes, les commissaires de police... et à la catégorie B les secrétaires administratifs, les rédacteurs, les contrôleurs des PTT, des impôts, les inspecteurs de police.

Dans le chapitre suivant les principaux concours seront envisagés. Seront cités non seulement ceux donnant accès aux corps des fonctionnaires de catégorie A mais aussi ceux donnant accès aux corps des fonctionnaires de catégorie B et cela pour les raisons suivantes :

a) bon nombre de candidats ont un niveau d'études supérieur à celui exigé. Dans ces conditions, des titulaires d'une licence préfèrent parfois augmenter leurs chances de succès en étant candidat à des concours de catégorie B et en débutant leur carrière dans un corps de cette catégorie (ce qui n'exclut pas la possibilité de pouvoir par la suite accéder à un emploi de catégorie A, notamment par concours interne) ;

b) la plupart des concours de catégorie A sont ouverts aux candidats titulaires d'une licence ; un nombre très restreint concerne les titulaires d'un DEUG : c'est pourquoi ces derniers sont souvent candidats aux concours de catégorie B ;

c) certains titulaires d'un diplôme juridique ont un niveau équivalent au baccalauréat : c'est le cas des étudiants titulaires de la capacité en droit.

GRADES

Les corps de fonctionnaires sont divisés en grades (certains corps n'en comportent d'ailleurs qu'un seul). Les grades correspondent à une hiérarchie des fonctions exercées par les agents membres de ce corps. Enfin, les grades sont eux-mêmes divisés en échelons, ce qui permet l'avancement à l'intérieur du grade.

L'avancement se réalise en fonction de l'ancienneté et de la valeur des agents et donne lieu à un avancement d'échelon et à un avancement de grade.

L'avancement d'échelon a un caractère automatique : il dépend de l'ancienneté et de la notation par le chef de service. Il se traduit par une augmentation de traitement.

L'avancement de grade donne accès à un emploi hiérarchiquement plus élevé, il n'a pas de caractère automatique, il a lieu au choix et suppose la vacance d'un poste.

TRAITEMENT

Le traitement est déterminé par référence à la situation occupée par le fonctionnaire dans les échelons et la hiérarchie des grades. Il y a égalité de traitement entre les fonctionnaires de même grade et de même échelon appartenant à un même corps. Mais les primes et indemnités qui peuvent s'ajouter au traitement sont très variables selon les corps ou les administrations.

III. Le principe du recrutement par concours

La fonction publique est ouverte à tous, sans distinction : c'est pourquoi le mode de recrutement, par excellence, est le concours.

Les concours sont en principe organisés annuellement mais l'administration décide librement de leur ouverture en fonction des besoins. Il existe deux types de concours : – l'un ouvert aux candidats extérieurs à l'administration (concours externe) – l'autre ouvert aux agents déjà en fonction (concours interne).

Le premier s'adresse précisément aux titulaires de certains diplômes qui veulent accéder à la fonction publique.

CALENDRIER

En fin d'année est publié au Journal Officiel un calendrier des concours prévus pour la prochaine année civile, indiquant la date des épreuves et les dates limites de retrait et de dépôt des dossiers.

Section 2. L'accès à la fonction publique

Si l'on compare les épreuves imposées aux candidats pour des concours de recrutement d'agents de même catégorie, des constantes peuvent être dégagées et seront rapidement exposées. On envisagera ensuite la préparation de ces concours et enfin, les écoles de la fonction publique.

I. Les épreuves des concours

CULTURE

Les concours d'accès à des emplois de catégorie A comportent :

1°) des épreuves d'admissibilité qui comprennent :

a) une composition (d'une durée de 4 ou 5 heures) sur un sujet d'ordre général se rapportant aux problèmes politiques, sociaux, économiques du monde contemporain. Cette épreuve, dénommée de façon quelque peu différente selon les concours, est en réalité une épreuve de culture générale.

Si elle suppose des connaissances dans les domaines concernés elle demande aussi qu'il soit fait preuve de réflexion et de compréhension du monde contemporain. Face à ce type d'épreuve les étudiants diplômés d'un Institut de sciences politiques et (peut-être à un moindre degré) les étudiants en droit sont en général avantagés par rapport aux titulaires d'autres diplômes.

DROIT

b) des épreuves écrites, choisies par le candidat lors de l'inscription au concours. Ce choix s'effectue parmi des groupes de matières en liaison avec les fonctions envisagées. Par exemple pour le concours externe des inspecteurs des douanes : une première épreuve de finances publiques ou de gestion comptable ou de géographie économique, une seconde de droit public ou de droit commercial.

On constate que, quelque soit le concours envisagé, des épreuves portant sur des matières juridiques sont toujours offertes au choix du candidat. Il est inutile d'insister sur l'intérêt que cela présente pour les titulaires d'un diplôme juridique !

ORAL

2°) des épreuves d'admission pour les candidats déclarés admissibles qui comprennent :

a) un entretien avec un jury, le plus souvent à partir d'un texte de portée générale, qui permet d'apprécier les qualités d'expression orale.

b) des épreuves orales portant sur des matières choisies par le candidat et parmi lesquelles figurent largement des matières juridiques.

CATÉGORIE B

Les concours d'accès à des emplois de catégorie B sont organisés selon un schéma proche. Les épreuves d'admissibilité comportent habituellement :
– une composition sur un sujet d'ordre général (d'une durée de 3 heures) ;
– un résumé de texte ou une épreuve juridique (ou de géographie, ou d'histoire) au choix du candidat. Les épreuves d'admission comportent une conversation avec un jury à partir d'un texte.

II. La préparation aux concours

Il s'agit ici de la préparation aux concours de la fonction publique, qui doit être distinguée de la formation donnée aux candidats admis à ces concours.

I.P.A.G.

Une préparation générale aux concours eux-mêmes est assurée par les Instituts de Préparation à l'Administration Générale (I.P.A.G.). Les I.P.A.G. fonctionnent au sein des universités et préparent à tous les concours externes et internes de catégorie A (et souvent aussi au diplôme national de licence d'administration publique). Sont admis à s'inscrire en vue de la préparation aux concours :

1°) les étudiants inscrits en licence (ou l'ayant déjà obtenue), quelle que soit la discipline, et qui souhaitent préparer les concours externes de catégorie A.

2°) les fonctionnaires (agents de l'État ou des collectivités territoriales) préparant un concours interne de catégorie A.

Les enseignements théoriques portent essentiellement sur les institutions politiques et administratives, le droit administratif, l'économie générale, les problèmes contemporains. Les enseignements pratiques comportent des conférences de méthode, des rédactions de note de synthèse, un entraînement à la conversation avec un jury. Les I.P.A.G. préparent notamment au concours d'accès aux I.R.A., mais non à l'E.N.A. (voir ci-après).

Des préparations par correspondance sont proposées par certains organismes publics : ainsi le Centre national d'enseignement à distance (C.N.E.D., à Lille) ; ou privés : par exemple, les préparations Francis LEFEBVRE (Paris).

III. Les écoles de la fonction publique

Elles dispensent une formation aux candidats admis aux concours de recrutement et dépendent en général des ministères intéressés. Il en sera fait mention dans le chapitre suivant à propos des différents concours. Mais deux d'entre elles, à cause de leur caractère général, doivent faire ici l'objet d'une présentation rapide.

En effet, l'École Nationale d'Administration (E.N.A.) et les Instituts Régionaux d'Administration (I.R.A.), accessibles par voie de concours, assurent une formation qui donne accès à des fonctions variées dans certains corps de l'administration.

E.N.A.

1°) L'E.N.A., de réputation prestigieuse, forme les fonctionnaires qui constituent les cadres supérieurs de l'administration.

La scolarité (d'une durée de 2 ans) comporte des enseignements et des stages. A la sortie de l'École, les élèves peuvent être affectés dans le corps :

a) des auditeurs au Conseil d'État, ou à la Cour des comptes ;
b) des inspecteurs des Finances ;
c) des conseillers des tribunaux administratifs ;
d) des administrateurs civils.

Le concours externe d'entrée à l'E.N.A. s'adresse aux titulaires d'un diplôme de 2e cycle de l'enseignement supérieur (licence, maîtrise, Institut d'études politiques), âgés de moins de 28 ans au 1er janvier de l'année du concours. Le « candidat type » est titulaire d'une maîtrise en droit et diplômé de l'Institut d'Études politiques de Paris. Une préparation à l'E.N.A. est dispensée dans les I.E.P. et par quelques Facultés de Droit (Rennes, Strasbourg, Paris...).

I.R.A.

2°) Les I.R.A. forment les fonctionnaires accédant aux corps de catégorie A, autres que ceux recrutés par la voie de l'E.N.A. La scolarité est de 12 mois et comprend un cycle d'études à caractère professionnel et un stage pratique. En fin de scolarité et d'après leur ordre de classement les élèves choisissent entre les différents corps de fonctionnaires dans lesquels ils peuvent être affectés : attachés d'administration centrale, attachés de préfecture, inspecteur des affaires sanitaires et sociales, attachés d'administration scolaire et universitaire...

Les I.R.A. (au nombre de cinq) sont situés à Bastia, Lille, Lyon, Metz et Nantes. Le concours externe d'entrée est ouvert aux candidats âgés de 30 ans au plus au 1er janvier de l'année du concours et titulaires d'une licence en droit. Une préparation est assurée par les I.P.A.G. (voir p. 185).

CHAPITRE 2
LES PRINCIPAUX CONCOURS ADMINISTRATIFS

Cette présentation des principaux concours ne se veut pas exhaustive. Le choix des concours mentionnés répond à un double critère :
– celui de l'intérêt que peuvent présenter pour un juriste les tâches qu'il sera amené à exercer dans les fonctions envisagées ;
– celui, non négligeable, du nombre de postes mis au concours.

La description des épreuves ne sera pas reprise pour chacun des concours, il suffira de se reporter au chapitre précédent (voir p. 183).

Les étudiants intéressés pourront obtenir des renseignements complémentaires soit auprès des I.P.A.G. (pour les concours de catégorie A) soit de façon plus générale auprès des directions du personnel des ministères concernés (dont la liste est jointe au calendrier des concours, publié au Journal Officiel).

Section 1.
Les concours interministériels

PARIS

Il s'agit de concours assurant le recrutement de fonctionnaires affectés dans les différentes administrations centrales des ministères et qui exercent donc leurs fonctions à Paris.

I. Les attachés d'administration centrale

DIVERSITÉ

Constituant un corps de catégorie A, les attachés sont placés sous l'autorité des administrateurs civils et « participent à la mise en œuvre, dans la conduite des affaires administratives, des directives générales du gouvernement. Ils peuvent être chargés de tâches d'encadrement ». Cette définition abstraite rend mal compte de la diversité et de l'intérêt du travail. Celui-ci dépend très étroitement de l'affectation de l'attaché.

RECRUTEMENT

Le recrutement se fait par un concours interministériel organisé par les services de la Direction Générale de l'Administration et de la Fonction publique. Le concours externe est ouvert aux candidats âgés de 35 ans au plus au 1er janvier de l'année du concours et titulaires d'un diplôme d'un I.E.P. ou, pour les candidats juristes ou économistes, d'une licence (22 postes en 1992 et 60 en 1993). Les candidats admis sont affectés d'après leur rang de classement dans l'une des administrations pour lesquelles ils ont opté au moment du dépôt de leur candidature. Ils ont la qualité d'attaché d'administration stagiaire pendant un an.

CARRIÈRE

Le corps des attachés d'administration centrale comprend :

a) les attachés (répartis en 2 classes) ;

b) les attachés principaux (répartis aussi en 2 classes).

Les attachés peuvent être (il s'agit d'une possibilité limitée) nommés administrateurs civils. Cette nomination se fait au choix et sous certaines conditions d'âge et d'ancienneté.

II. Les secrétaires administratifs

CATÉGORIE B

Il s'agit d'un corps de catégorie B. Les secrétaires administratifs sont des collaborateurs de l'attaché, qui effectuent des tâches d'application : rédaction de lettres, notes de service, arrêtés.

Le recrutement se fait par un concours interministériel organisé par la Direction Générale de l'Administration et de la Fonction publique (mais certains ministères organisent aussi un concours). Le concours externe est ouvert aux candidats âgés de 45 ans au plus et titulaires du baccalauréat ou d'un titre admis en équivalence (capacité en droit).

Le corps des secrétaires administratifs comprend trois grades (secrétaire administratif, secrétaire administratif-chef de section et secrétaire administratif en chef). Les secrétaires administratifs peuvent accéder par concours interne aux fonctions d'attaché.

Section 2. Les concours du ministère de l'Économie et des Finances

Ce ministère comprend plusieurs Directions générales dont relèvent un certain nombre de concours.

I. Les concours relevant de la Direction générale des impôts

La Direction générale des impôts fixe les impositions et contrôle les déclarations relatives aux impôts et taxes établis au profit de l'État ou des collectivités territoriales. De plus elle gère le domaine public et privé de l'État, le service de la publicité foncière et du cadastre.

A. Les inspecteurs des impôts

VARIÉTÉ

Ils constituent un corps de catégorie A.

Leurs tâches sont variées, ce qui s'explique aisément par le champ d'activités de la Direction générale des impôts. Les juristes rechercheront plus volontiers des postes dans les secteurs de l'enregistrement ou de la fiscalité immobilière, dans les services du contentieux ou du cadastre (confection, conservation des plans cadastraux).

RECRUTEMENT

Le recrutement par concours externe est ouvert aux candidats âgés de moins de 30 ans (mais de nombreuses dérogations sont prévues), titulaires d'une licence ou diplômés d'un I.E.P. (490 postes en 1993).

Les candidats admis au concours deviennent alors « inspecteur-élève » et suivent un cycle d'enseignement professionnel de 12 mois. Cet enseignement professionnel est dispensé par l'École Nationale des Impôts à Clermont-Ferrand (ou à Paris pour les candidats de l'Ile de France) ou par l'École Nationale du Cadastre à Toulouse (pour ceux qui seront affectés ultérieurement dans ce service). Les inspecteurs-élèves ont la qualité de fonctionnaires stagiaires et bénéficient des avantages qui y sont attachés (traitement, congés...).

Une possibilité intéressante pour certains candidats mérite d'être signalée : les titulaires d'un DEUG de droit, d'administration économique et sociale (A.E.S.) ou d'un DUT sont admis à concourir et en cas d'admission sont regroupés dans des centres régionaux situés dans des villes universitaires où ils suivent leur stage pratique et rémunéré, tout en terminant leurs études pour l'obtention de la licence.

CARRIÈRE

L'inspecteur des impôts est, au long de sa carrière, assuré d'un avancement régulier jusqu'au dernier échelon au grade d'inspecteur central. Il peut (après un certain délai) se présenter aux épreuves de sélection de l'inspection principale qui ouvrent accès aux emplois de direction ; ou encore après cinq ans de services, se présenter au concours interne d'accès direct à l'E.N.A.

B. Les contrôleurs des impôts

CATÉGORIE B

C'est un corps de catégorie B. Ils procèdent par exemple à l'établissement de l'impôt sur le revenu, à la détermination des bases d'imposition des impôts locaux, au recouvrement des droits exigibles lors des transactions immobilières...

Sont admis à se présenter au concours externe les candidats âgés de moins de 45 ans titulaires du baccalauréat ou d'un diplôme équivalent (capacité en droit) (315 postes en 1993). Les candidats admis suivent une formation rémunérée d'un an dont 5 mois à l'École nationale des Impôts à Clermont-Ferrand (ou à Paris pour les candidats d'Ile-de-France) ou à l'École Nationale du cadastre à Toulouse (pour ceux qui ont choisi ce secteur d'activité).

II. Les concours relevant de la Direction de la comptabilité publique (Trésor Public)

Les comptables du Trésor payent les dépenses et encaissent les recettes de l'État (recouvrement des impôts), reçoivent les souscriptions aux bons du Trésor...

A. Les inspecteurs du Trésor

Ils constituent un corps de catégorie A.
Les inspecteurs du Trésor exercent des fonctions de chef de poste dans les perceptions, ou des fonctions de chef de service dans les trésoreries générales, les trésoreries principales ou les recettes-perceptions.

RECRUTEMENT

Le recrutement par concours externe est ouvert aux candidats âgés de moins de 30 ans (mais de nombreuses dérogations sont prévues) et titulaires d'une licence ou d'un diplôme d'un I.E.P. (147 postes en 1994). Les candidats admis suivent ensuite un stage d'enseignement professionnel rémunéré, de 12 mois, à l'École Nationale des services du Trésor à Marne-la-Vallée et un stage pratique de 6 mois dans les services du Trésor.

Les titulaires d'un D.E.U.G. de droit, d'administration économique et sociale ou d'un DUT peuvent bénéficier d'un régime semblable à celui décrit à propos des inspecteurs des impôts (voir p. 192).

Les inspecteurs du Trésor peuvent par concours accéder à l'emploi d'inspecteur principal.

B. Les contrôleurs et les agents huissiers du Trésor

Ils constituent un corps de fonctionnaires de catégorie B et sont recrutés par des concours externes auxquels peuvent être candidats les titulaires du baccalauréat ou d'un diplôme équivalent (capacité en droit).

Les premiers assurent le recouvrement de l'impôt direct ou centralisent et vérifient les opérations des trésoreries principales et des recettes-perceptions (184 postes en 1994). Les seconds sont chargés de l'exécution des poursuites à l'égard des débiteurs de l'impôt (34 postes en 1994). Une fois admis au concours, ils reçoivent une formation théorique de 6 mois à Grenoble.

III. Les concours relevant de l'administration des douanes et droits indirects

L'administration des douanes et des droits indirects est chargée de tâches fiscales (impositions au profit de l'État ou de l'Union Européenne) et économiques (contrôle du commerce extérieur, lutte contre la fraude) et de la protection des consommateurs par l'application des textes relatifs à la santé et à la sécurité publiques.

A. Les inspecteurs des douanes

Ils appartiennent à la catégorie A et exercent « des fonctions de conception et d'encadrement ». Cela se traduit par un travail qui diffère suivant le poste d'affectation : étude et instruction des dossiers dans les directions régionales, représentation de l'administration des douanes devant les juridictions, encadrement des agents chargés du contrôle des opérations de dédouanement, constatation des opérations irrégulières ou frauduleuses...

RECRUTEMENT

Le recrutement par concours externe est ouvert aux candidats âgés de moins de 30 ans au 1er janvier de l'année du concours (dérogations possibles) et titulaires d'une licence ou d'un diplôme d'un I.E.P. (40 postes en 1993).

Les candidats admis au concours sont nommés « inspecteur-élève » des douanes et suivent un cycle d'enseignement professionnel d'un an à l'École Nationale des Douanes à Neuilly-sur-Seine.

Les titulaires d'un D.E.U.G. mention Droit ou A.E.S. ou d'un DUT sont admis à concourir mais ne pourront suivre l'enseignement professionnel à l'École Nationale des Douanes que lorsqu'ils seront titulaires d'une licence (même régime que pour les inspecteurs des impôts : voir p. 192).

CARRIÈRE

Le grade des inspecteurs comprend 7 échelons, l'avancement se faisant à l'ancienneté ; les inspecteurs arrivés au 7e échelon et inscrits sur un tableau d'avancement peuvent être nommés inspecteurs centraux, voire même avoir accès (par promotion au choix ou sélection professionnelle) au grade d'inspecteur principal.

B. Les contrôleurs des douanes

C'est un corps de catégorie B.

Ces contrôleurs exercent leurs fonctions, soit dans le secteur du contrôle des opérations commerciales (vérification des marchandises et des opérations commerciales avec l'étranger), (52 postes en 1994) soit dans la branche de la surveillance (encadrement d'une brigade) (33 postes en 1994).

Peuvent se présenter aux concours de recrutement les candidats âgés de moins de 45 ans et titulaires du baccalauréat ou d'un diplôme équivalent (capacité en droit). Il existe deux concours distincts selon la branche envisagée. Les candidats admis effectuent un stage d'un an, dont six mois de formation théorique à l'École Nationale des douanes de Rouen pour la branche opérations commerciales, à l'École nationale des brigades des douanes de la Rochelle pour la branche surveillance.

IV. Les autres concours du ministère de l'Économie et des Finances

Certains concours vont être maintenant beaucoup plus rapidement présentés car :
– ils offrent un nombre de postes très restreint par rapport aux concours envisagés précédemment ;
– les fonctions auxquelles ils donnent accès intéressent, pour la plupart, davantage les candidats économistes que juristes.

1°) Les concours relevant de la Direction Générale de la concurrence, de la consommation et de la répression des fraudes :

a) les commissaires de la concurrence et de la consommation (corps de catégorie A).

Ils sont chargés de la surveillance du comportement des entreprises en matière de concurrence, de l'information et de la protection des consommateurs, de la mise en œuvre de la politique des prix.

– Peuvent être candidats les titulaires d'une licence, d'un diplôme d'un I.E.P. âgés au plus de 30 ans.

– Les candidats admis suivent un cycle d'enseignement professionnel de 8 mois à l'École de la concurrence et de la consommation à Paris et effectuent un stage pratique de 4 mois.

b) les contrôleurs de la concurrence et de la consommation (corps de catégorie B) sont chargés de contrôler l'application de la réglementation économique.

– Peuvent être candidats les titulaires du baccalauréat ou d'un diplôme équivalent âgés de moins de 45 ans.

– Les candidats admis suivent un enseignement professionnel à l'École de la concurrence et de la consommation et effectuent un stage pratique.

2°) Les concours de l'I.N.S.E.E. (Institut National de la Statistique et des Études Économiques).

Ils assurent le recrutement des administrateurs et attachés (de catégorie A) et des contrôleurs (de catégorie B). Les épreuves des concours et les fonctions assurées semblent réserver ces emplois aux économistes.

Section 3. Les concours du ministère de l'Éducation nationale, de l'Enseignement supérieur et de la Recherche

Il sera d'abord simplement fait rappel de la possibilité offerte aux titulaires d'une licence en droit, en administration économique et sociale ou en sciences économiques, d'être candidats aux concours du certificat d'aptitude au professorat de l'enseignement du second degré et de l'enseignement technique.

I. Les attachés d'administration scolaire et universitaire

CATÉGORIE A

Ils exercent des fonctions variables selon le domaine de leur affectation. Ils peuvent être chargés de la préparation et de l'application des décisions administratives, assister dans le domaine de la gestion le directeur d'un (ou plusieurs) établissements scolaires ou universitaires, exercer des fonctions d'encadrement dans les services académiques régionaux ou départementaux, dans les services administratifs des établissements universitaires.

Le recrutement se fait soit par l'intermédiaire des I.R.A. (206 postes en 1994) (voir p. 186), soit par un concours externe auquel peuvent se présenter les titulaires d'une licence âgés de 35 ans au plus.

II. Les secrétaires

CATÉGORIE B

Les secrétaires d'administration scolaire et universitaire sont des collaborateurs de l'attaché et effectuent des tâches d'application. Le recrutement se fait par concours externe pour les titulaires du baccalauréat ou d'un diplôme équivalent.

Section 4. Les concours du ministère de l'Intérieur

Ils donnent accès, d'une part à des emplois de la police nationale, et d'autre part à certaines fonctions de l'administration préfectorale.

I. Les concours de la police nationale

A. Les commissaires de police
(corps de catégorie A)

Ils exercent leurs fonctions dans un service de police ou en étant responsables d'un commissariat. Ils dirigent les enquêtes, animent et coordonnent les activités des inspecteurs et agents.

RECRUTEMENT

Le concours externe est ouvert aux candidats (hommes et femmes) âgés au plus de 30 ans au 1er janvier de l'année du concours et titulaires d'une licence (35 postes par 1994). Les candidats admis au concours sont nommés élèves-commissaires à l'École nationale supérieure de police (Saint-Cyr au Mont d'Or), pour une durée de deux ans, où alternent études théoriques et stages dans les services.

Le nombre de places offertes au concours est relativement restreint par rapport au nombre très élevé de candidats. C'est pourquoi de nombreux étudiants même titulaires d'une licence préfèrent commencer leur carrière en qualité d'inspecteur.

B. Les inspecteurs de police
(corps de catégorie B)

Ils exercent leurs fonctions sous l'autorité d'un commissaire : enquêtes à la suite d'infractions, enquêtes de personnalité...

Le concours externe (128 postes en 1994) est accessible aux titulaires du baccalauréat ou de la capacité en droit. Les candidats admis suivent une formation de 16 mois à l'École supérieure des Inspecteurs de la Police nationale en Seine-et-Marne.

Les inspecteurs de police peuvent se présenter au concours interne de recrutement des commissaires de police (limite d'âge 35 ans au 1er janvier de l'année du concours sauf dérogations).

II. Les concours d'attachés et de secrétaires de préfecture

A. Les attachés de préfecture (catégorie A)

Ils font partie des fonctionnaires d'encadrement de la préfecture ou de la sous-préfecture où ils sont affectés. Ils participent à la réglementation et à l'organisation des élections politiques et professionnelles, au développement économique et social de la région ou du département, ce qui explique que les tâches juridiques et financières y soient nombreuses.

Le recrutement des attachés de préfecture se fait :
– par l'intermédiaire des I.R.A. (voir p. 186) ;
– par concours externe ouvert aux titulaires d'une licence en droit, en sciences économiques ou en administration publique ou aux diplômés d'un I.E.P., âgés de moins de 35 ans au 1er janvier de l'année du concours (dérogations possibles).

Les candidats reçus au concours ont la qualité de stagiaire pendant une année à l'issue de laquelle ils sont titularisés si leurs services ont donné satisfaction.

Les attachés sont répartis en deux classes et peuvent devenir attachés principaux après un examen professionnel. Ils peuvent également se présenter à titre interne au concours d'entrée à l'E.N.A.

B. Les secrétaires administratifs de préfecture (catégorie B)

Ce sont des collaborateurs des attachés. Ils effectuent des tâches d'application. Leur recrutement a lieu par concours externe (53 postes en 1990) ouvert aux titulaires du baccalauréat ou de la capacité en droit. Ils peuvent, après 4 années de service public, être candidats au concours interne d'attaché de préfecture.

Section 5. Les concours du ministère du Travail et des Affaires sociales

Il s'agit essentiellement des concours destinés au recrutement des fonctionnaires suivants :

I. Inspecteurs du travail

Ce sont des fonctionnaires de catégorie A.

DROIT DU TRAVAIL

Ils ont pour tâche essentielle de faire appliquer le droit du travail et ont pour cela une mission de contrôle (durée et conditions de travail), d'enquête (accidents du travail, maladies professionnelles), d'information (instruction en vue d'une décision administrative : autorisation des heures supplémentaires, par exemple), de conciliation (conflit dans les entreprises).

Le recrutement se fait par concours ouvert aux titulaires d'une licence ou d'un titre équivalent et âgés de 35 ans au plus au 1er janvier de l'année du concours. Les candidats admis reçoivent une formation de 18 mois à l'Institut National du Travail en qualité d'inspecteur-élève (9 postes en 1989).

Des contrôleurs du travail assistent et secondent les inspecteurs. Ils appartiennent à la catégorie B. Ils réalisent des visites systématiques d'établissements, des enquêtes, participent aux tâches administratives. Recrutement par concours ouvert aux titulaires du baccalauréat ou d'un diplôme équivalent et âgés de moins de 45 ans.

II. Inspecteurs des affaires sanitaires et sociales (corps de catégorie A)

Ils exercent des fonctions très diversifiées selon leur affectation. Ainsi, dans les services généraux des directions départementales ou régionales des affaires sanitaires et sociales, l'inspecteur peut avoir des tâches purement administratives : budget, comptabilité, gestion du personnel, organisation matérielle... Dans le domaine de l'aide sociale, il sera chargé de l'instruction et du contrôle des demandes d'aide sociale relatives à l'enfance en difficulté, aux handicapés, aux personnes âgées, aux migrants... Mais il peut aussi exercer ses fonctions à la tête d'un service de tutelle des établissements sanitaires et sociaux.

Le recrutement a lieu notamment par la voie des I.R.A. (voir p. 186) et suppose donc une licence (26 postes en 1994).

Dans le cadre des Directions des Affaires Sanitaires et Sociales, des secrétaires administratifs des affaires sanitaires et sociales (emplois de catégorie B) sont recrutés par concours ouvert aux candidats titulaires du baccalauréat ou d'un diplôme équivalent.

III. Directeurs d'hôpitaux

Le Directeur administre l'hôpital en fonction de la politique définie par le Conseil d'Administration. Il a une compétence générale qui s'exerce dans tous les domaines touchant à l'aménagement et au fonctionnement des services.

Deux concours externes sont organisés assurant les recrutements suivants :

1°) Directeur d'hôpital public (à partir de la 3e classe).

Concours ouvert aux titulaires d'une licence en droit ou d'un diplôme d'I.E.P. et âgés de 40 ans au plus au 1er janvier de l'année du concours (60 places en 1992). Les candidats admis suivent un cycle de formation comprenant 14 mois d'enseignement à l'École Nationale de la Santé Publique à Rennes et 13 mois de stage.

2°) Directeur d'hôpital public de 4e classe (centres hospitaliers de 200 lits au plus).

Concours ouvert aux titulaires d'un DEUG ou d'un DUT (il semble qu'un diplôme supérieur ne soit pas admis), âgés de 40 ans au plus au 1ᵉʳ janvier de l'année du concours (63 places pour 1992). Les candidats admis suivent une formation théorique de 5 mois à l'École Nationale de la Santé Publique à Rennes et 6 mois de stage dans les établissements hospitaliers.

A la fin de ces cycles de formation les « élèves-directeurs » sont titularisés en qualité de directeur. Les directeurs appartenant à la 4ᵉ classe depuis au moins 6 ans peuvent accéder aux emplois de la 3ᵉ classe s'ils sont inscrits sur une liste d'aptitude.

Section 6. Les concours du ministère de la Justice

Les principaux concours du ministère de la Justice donnent accès à la magistrature ou aux fonctions de greffier en chef des cours et tribunaux ou des conseils de prud'hommes, ou de greffier des cours et tribunaux ou des conseils de prud'hommes. Ils ont été envisagés avec la présentation des professions judiciaires (voir p. 149).

PÉNITENTIAIRE

Mais la Direction de l'administration pénitentiaire propose des postes de fonctionnaires.

I. Attachés d'administration et d'intendance de l'administration pénitentiaire

Ce sont des emplois de catégorie A.

Le recrutement a lieu notamment par la voie des I.R.A. (voir p. 186), mais très peu de postes ont été offerts au cours de ces dernières années.

II. Sous-directeurs de l'administration pénitentiaire

Ces fonctionnaires, de catégorie A, sont recrutés par concours ouvert aux titulaires d'une licence ou d'un diplôme équivalent. Les candidats admis suivent une formation de deux années :

a) La première année comporte des cycles de formation à l'École nationale d'administration pénitentiaire à Fleury-Mérogis.

b) Ils suivent la formation en qualité de sous-directeur stagiaire, dans un établissement pénitentiaire, pendant la seconde année.

Section 7. Les concours du ministère de l'Industrie, de la Poste et des Télécommunications

La majorité des concours (de catégorie A ou B) organisés par ce ministère font le plus souvent appel à des connaissances techniques éloignées de celles du juriste.

L'inspection des services commerciaux et administratifs peut toutefois offrir des débouchés intéressants.

LA POSTE

L'inspecteur (emploi de catégorie A) est le collaborateur du chef d'établissement : bureau de poste, centre de chèques postaux, caisse nationale d'épargne, centre de tri.

Le recrutement se fait par concours ouvert aux candidats titulaires d'une licence qui reçoivent, en qualité d'inspecteur-élève, une année de formation professionnelle dans un des centres de l'Institut national des cadres administratifs à Évry, Toulouse ou Lyon. Les étudiants titulaires de la 2e année d'un DEUG ou diplômés d'un I.E.P. sont admis à concourir et n'effectueront, en cas d'admission, leur année de formation qu'après l'obtention de la licence.

Le ministère des postes offre des emplois de contrôleur (catégorie B) ouverts par concours aux titulaires du baccalauréat ou d'un diplôme équivalent. Après concours interne, une possibilité d'accéder aux fonctions de contrôleur divisionnaire et d'inspecteur existe.

Section 8. Les concours du ministère de la Défense

Chaque année est organisé un concours commun pour le recrutement d'élèves-commissaires de l'armée de terre, de la marine et de l'air.

JURIDIQUES

Les attributions de ces commissariats sont essentiellement de :
– pourvoir aux besoins courants (solde, alimentation, approvisionnement en matériel, gestion des stocks...) ;
– passer les marchés et les contrats nécessaires à la satisfaction de ces besoins ;
– participer à l'élaboration des textes législatifs ou réglementaires et établir les règlements d'application correspondants.

L'action administrative et juridique est une des composantes majeures de la mission du commissariat. Elle s'étend notamment :
– à l'instruction des dossiers de pension (retraite, invalidité) ;
– au service des transports sur le plan administratif et financier ;
– à l'établissement d'actes authentiques : engagements volontaires dans l'armée de terre, procès-verbaux ;
– rôle d'officier d'état civil aux armées.

Peuvent être candidats au concours : les titulaires d'une licence ou d'un diplôme d'un Institut d'études politiques âgés de 25 ans au 1er janvier de l'année du concours.

L'accès des femmes est limité à 20 % du recrutement annuel pour le commissariat de l'armée de terre et de l'air et seuls les candidats masculins peuvent être admis dans le corps des commissaires de la marine.

Le nombre de places offertes au concours a été pour l'année 1990 de 36 soit 16 pour le commissariat de l'armée de terre, 12 pour le commissariat de la marine et 8 pour le commissariat de l'air.

Section 9. Les concours de recrutement des agents des collectivités territoriales

Il s'agit d'agents des régions, des départements, des communes.

Un certain nombre de concours ont déjà été envisagés dans le cadre des concours dépendant du ministère de l'intérieur : il s'agit des concours d'attachés de préfecture ou de région (catégorie A), ou des secrétaires administratifs de préfecture (catégorie B) (voir p. 200).

On envisagera ici seulement les concours organisés à l'échelon communal.

I. Les concours de rédacteur

COMMUNES

L'emploi de rédacteur peut être créé dans les communes d'au moins 2000 habitants. Le rédacteur « est chargé, sous l'autorité d'un supérieur, de l'instruction des affaires et de la préparation des décisions », En réalité ses tâches seront très différentes selon l'importance de la commune. Dans les communes de moindre importance il sera l'adjoint du secrétaire général ; dans les grandes villes, il aura un secteur d'activités très spécialisé (sports, voirie, état civil, urbanisme...).

Le concours est ouvert aux titulaires du baccalauréat ou d'un diplôme équivalent (âgés de 40 ans au plus).

Les candidats admis sont nommés rédacteur et peuvent, à l'ancienneté, devenir rédacteur principal puis rédacteur en chef et éventuellement, après concours interne, attaché.

II. Les concours d'attaché

L'emploi d'attaché peut être créé dans les communes d'au moins 10 000 habitants. Il est chargé de préparer les décisions de l'administration relatives aux affaires qui lui sont confiées. Là encore, les tâches seront fonction du secteur d'activités.

Le concours d'attaché est ouvert aux titulaires d'un diplôme de 2e cycle (licence). Les candidats admis sont nommés attachés de 2e classe et peuvent à l'ancienneté devenir attaché de 1re classe et, après examen professionnel, attaché principal.

Il faut signaler l'existence du corps des attachés d'administration de la commune de Paris, régi par des règles statutaires, comparables à celles applicables aux attachés d'administration centrale (17 postes en 1994).

Section 10. Le recrutement des agents des organismes de Sécurité Sociale

La Sécurité Sociale, présentée au public comme une administration, est constituée en fait de plusieurs centaines d'entreprises ayant la personnalité morale, chargées de la gestion d'un service public. Ces entreprises ont un nombre variable de salariés :

de 30 pour certaines à plus de 3000 pour d'autres. Les agents de ces entreprises ne sont donc pas fonctionnaires mais ils bénéficient d'un statut qui leur offre les mêmes garanties quant à la sécurité de l'emploi ou l'avancement.

I. Le personnel d'exécution et les agents d'encadrement

En raison de l'autonomie qui est la leur, les organismes de sécurité sociale recrutent leur personnel d'exécution après appel à travers la presse ou à l'A.N.P.E., sur titres (brevet, baccalauréat) ou sur entretien (et/ou épreuves écrites).

Les agents d'encadrement sont recrutés soit sur titres (le titre requis est alors déterminé en fonction de l'emploi), soit par concours externe ouvert aux candidats âgés de 21 ans au moins et de 30 ans au plus et titulaires d'un diplôme de 1er cycle : DEUG, DUT. Ces futurs agents reçoivent alors une formation d'au moins 6 mois, organisée par les centres régionaux de sécurité sociale.

Les cadres supérieurs sont recrutés par le Centre National d'Études Supérieures de Sécurité Sociale, à Saint-Etienne.

II. Le Centre National d'Études Supérieures de Sécurité Sociale (C.N.E.S.S.S.)

Le Centre National d'Études Supérieures de Sécurité Sociale est un établissement public à caractère administratif rattaché au ministère chargé de la Sécurité sociale. Sa mission essentielle est le recrutement et la formation des cadres supérieurs des organismes de sécurité sociale.

Le concours externe d'entrée au C.N.E.S.S.S. est ouvert :
– aux étudiants licenciés ou titulaires d'un diplôme équivalent ;
– âgés de 30 ans au plus.

Un concours interne est également ouvert aux agents des organismes de sécurité sociale ayant 4 ans d'ancienneté et âgés de 23 ans au moins et 40 ans au plus (aucune condition de diplôme n'est requise).

Le nombre de places offertes en 1990 a été de 66 pour les deux concours.

Les candidats admis suivent une scolarité de 18 mois qui a pour but de préparer les élèves à leur futur métier de gestionnaire d'un organisme de sécurité sociale au niveau de cadre supérieur puis d'agent de direction.

L'enseignement comprend :
– des cycles d'enseignement théorique au siège du centre à Saint-Etienne ;
– des stages pratiques dans les organismes de sécurité sociale et dans les entreprises.

A la fin de la scolarité, un classement final des élèves de la promotion tient compte des notations obtenues en cours de stages et d'études, ainsi que des résultats d'un examen terminal. Les élèves se voient alors offrir un emploi dans un organisme du régime général, du régime agricole ou du régime minier.

Le concours d'entrée au C.N.E.S.S.S. est généralement considéré comme l'un des plus difficiles, mais aussi l'un des plus attractifs compte tenu des perspectives de carrière (et de la rémunération) offertes.

Titre 3
Les carrières de l'entreprise

La place des juristes dans les entreprises ne fait que croître. Quel que soit leur secteur d'activité, les entreprises, surtout lorsqu'elles atteignent une certaine dimension, font appel aux services des juristes (chapitre 1) mais la plupart des offres d'emplois émanent des banques (chapitre 2), des assurances (chapitre 3) et du secteur de l'immobilier (chapitre 4).

CHAPITRE 1
LES JURISTES ET L'ENTREPRISE

Deux sortes d'offres provenant des entreprises peuvent être spécialement enregistrées : elles concernent la fonction de conseil (section 1) et la gestion du personnel (section 2). Ce sont des domaines qui peuvent paraître « classiques », mais ils sont en réalité en pleine mutation.

Section 1. Le conseil en entreprise

DÉCISION

Pendant très longtemps les entreprises ont recruté des juristes dans le but de les affecter au « service du contentieux » (litiges avec les fournisseurs ou avec les clients). Aujourd'hui la place du juriste dans l'entreprise a changé : il est devenu un véritable « consultant interne » associé à toutes les grandes décisions (techniques, financières, commerciales) de l'entreprise. Il est très difficile de donner une définition précise de sa tâche tant celle-ci peut être variée, en fonction notamment du secteur économique de l'entreprise, de la taille et de la forme de celle-ci.

FONCTIONS

Un juriste dans une entreprise peut intervenir dans les domaines suivants :

I. Contentieux

Pour les litiges qui surgissent dans l'activité de l'entreprise, il doit gérer le dossier, prendre la décision de mise en œuvre de procédures judiciaires, préparer et suivre ces procédures en collaboration avec les avocats, veiller à l'exécution des décisions rendues, etc.

II. Gestion financière et comptable

Les fiscalistes tiennent désormais une grande place au sein de l'entreprise : évaluation des risques fiscaux liés à la conclusion de contrats internes et internationaux, prise en compte des avantages fiscaux dans la préparation d'une décision, relations avec l'administration des impôts, etc.

III. Propriété industrielle

Protection des marques, dépôts de brevets, etc.

IV. Droit de la consommation, de la publicité, des transports

V. Négociation et rédaction de contrats nationaux ou internationaux

PROFIL

L'étudiant qui voudrait se destiner à une carrière de juriste d'entreprise, doit connaître les conditions exigées des candidats par les personnes chargées du recrutement. Il faut, en général :
— être titulaire d'un diplôme juridique de 3e cycle (D.E.S.S. ou D.E.A.) ;
— avoir une formation complémentaire. Cela signifie être titulaire d'un D.E.C.S. (Diplôme d'Études Comptables Supérieures) ou être diplômé d'un I.E.P. (Institut d'Études Politiques) ou d'un I.A.E. (Institut d'Administration des Entreprises) ;

– avoir une bonne pratique de l'anglais (voire d'autres langues étrangères) ;
– et enfin... avoir une expérience de 4 à 5 ans acquise dans le secteur bancaire ou judiciaire ou dans un cabinet d'avocat.
Il arrive, toutefois, que les grandes entreprises recrutent des débutants, dont elles assurent elles-mêmes la formation.

SPÉCIALITÉS

Parmi les diplômes de 3e cycle orientés vers les activités en entreprise, on peut citer :
1. Les D.E.S.S. : Droit des entreprises (Angers), Droit des affaires (Amiens, Dijon, Toulouse I), Fiscalité appliquée (Paris V, Paris XII), Fiscalité de l'entreprise (Paris IX), Juriste d'affaires (Paris V, Paris XII, Rennes I, Strasbourg III), Juriste d'entreprise (Lille II, Poitiers), Propriété industrielle (Paris II).
2. Les D.E.A. : Droit des activités économiques (Paris I), Droit des affaires (Montpellier I, Paris X, Paris XIII, Toulouse I...), Droit des relations économiques internationales et communautaires (Paris X).
3. La Fondation nationale pour le droit de l'entreprise (F.N.D.E.), issue d'une collaboration entre des centres universitaires et des organisations professionnelles, a créé un diplôme de juriste conseil d'entreprise. Ce programme de formation est dispensé dans les centres de Caen, Lyon, Montpellier, Poitiers, Rennes, Strasbourg, Toulouse. Il comporte :
– un D.E.S.S. - D.J.C.E. (Diplôme de Juriste Conseil d'Entreprise) ;
– un magistère - D.J.C.E. à Lyon et Montpellier uniquement.

Section 2. Le responsable de la « fonction personnel »

On a pu écrire que la « fonction personnel » était celle qui dans l'entreprise se désignait, bien plus que les autres, par cette expression de « fonction ».

On peut y voir, semble-t-il, la marque de la diversité des activités qui s'y rapportent et des mutations dont elle est l'objet.

FONCTION

Traditionnellement, on parlait de directeur ou de chef du personnel, qui avait alors essentiellement pour rôle l'administration du personnel (tenue des dossiers, administration des rémunérations). Aujourd'hui la « fonction personnel », qui n'existe vraiment que dans les entreprises d'une certaine importance (plusieurs centaines de personnes), comprend des types d'activités variées. On peut distinguer :

I. L'administration du personnel

PERSONNEL

Les tâches principales sont la fixation des salaires et primes, le calcul des marges et des prestations sociales, l'application de la législation du travail dans l'entreprise, les relations avec l'inspecteur du travail... L'informatique est un facteur important d'allègement de ce type d'activités.

II. La gestion des ressources humaines

Elle consiste à envisager le personnel comme une ressource dont il faut s'efforcer d'améliorer l'efficacité et la rentabilité en prenant en compte ses souhaits et ses attentes. Cette tâche incombe à des gestionnaires mais aussi à des psychologues et sociologues.

III. Le « management » social

Il a pour mission de promouvoir le changement : élaboration des « canevas » de gestion prévisionnelle, recrutement, formation...

La « fonction personnel » exige des compétences variées. Une formation juridique conduit davantage à l'administration du personnel alors qu'une formation en sciences humaines conduit plutôt vers le recrutement.

FORMATIONS

Parmi les formations universitaires, il faut citer :
– le D.U.T. « gestion des entreprises et des administrations, option « personnel » ;
– le D.E.U.S.T. « service de gestion du personnel et des relations sociales en entreprise » (Grenoble) ;
– les licences et maîtrises A.E.S., mentions :
• administration et gestion des relations sociales (Rennes II) ;
• administration des entreprises (Aix II, Bordeaux I, Brest, Caen, Dijon, Lyon III, Poitiers, Rennes I, Toulouse I, Paris II, Paris V, Paris X...).
– les magistères :
• de droit social (Paris X) ;
• sciences sociales du travail (Lille I).

CHAPITRE 2
LES CARRIÈRES DE LA BANQUE

Après avoir rapidement présenté les activités des banques (section 1), on envisagera les emplois offerts (section 2) et l'on indiquera enfin les modalités de recrutement et les formations spécialisées qui y mènent (section 3).

Section 1. Les activités des banques

I. Les banques

FINANCEMENT

Ce sont des entreprises qui ont pour tâche de créer, collecter et redistribuer les moyens de financement en utilisant les fonds qui leur sont confiés. Mais les entreprises du secteur bancaire présentent en réalité une certaine diversité :

– d'abord les banques proprement dites. Certaines sont bien connues du public (B.N.P., Crédit Lyonnais, Société Générale...). D'autres se caractérisent par leurs liens privilégiés avec le monde des affaires (par exemple Paribas, Indosuez...) et ont un réseau d'agences moins dense ;

– d'autres ont un statut spécial, mutualiste ou coopératif (Crédit Mutuel, Crédit Agricole) qui s'explique par leur rôle spécifique lors de leur création, même si aujourd'hui elles offrent leurs services à tous.

Par ailleurs, certains établissements ont une vocation particulière. Ainsi :

– la Banque de France, qui a le monopole de l'émission de la monnaie. Elle joue le rôle de « banque des banques » et a un rôle centralisateur en matière de renseignements bancaires ;

– le Crédit Foncier de France, qui a pour fonction essentielle la réalisation de prêts immobiliers ;

– la Caisse des Dépôts et Consignations, qui collecte les fonds des Caisses d'Épargne et réalise par des prêts aux collectivités locales, le financement de leurs investissements.

II. Aperçu des activités bancaires

FONDS

La banque a d'abord pour tâche de collecter des fonds, c'est-à-dire des dépôts réalisés par des particuliers ou des entreprises. Cette collecte de dépôts est réalisée dans le cadre du « réseau d'exploitation » constitué de succursales, d'agences ou de bureaux ouverts au public. Elle suppose des relations avec la clientèle « particuliers » et la clientèle « entreprises », ainsi que le traitement administratif des opérations de banque.

SERVICES

Dans le but d'attirer et de maintenir leur clientèle, les banques on dû multiplier les services offerts (différents types de comptes, cartes de crédit, conseils de gestion du patrimoine...). L'utilisation des fonds déposés donne lieu à l'attribution de crédits en fonction d'études préalables et différentes selon la clientèle (« particuliers » ou « entreprises ») qui en bénéficiera. L'appréciation du risque lié à ce type d'opérations est sans doute une des tâches essentielles du métier de banquier.

DIRECTIONS

En dehors de ce qui précède et qui pourrait être qualifié de gestion courante, le personnel des directions assume d'autres fonctions :
– information et conseil sur les problèmes juridiques et fiscaux rencontrés par les intervenants ;
– direction et gestion du personnel ;
– contrôle des activités des agences et des succursales.

Section 2. Les emplois

Les emplois offerts par le secteur bancaire sont variés en raison de la diversité des établissements bancaires et de la multiplicité de leurs activités. On essaiera seulement ici de présenter les principaux emplois intéressant les juristes, après avoir précisé que la terminologie utilisée pour désigner ces postes peut varier d'un établissement bancaire à l'autre.

I. Les emplois du réseau d'exploitation

ACCUEIL

A) Le guichetier.

Il accueille la clientèle au guichet d'une banque, l'informe sur les services offerts et effectue les opérations courantes. Si cet emploi est mentionné c'est parce qu'il est souvent une 1re étape pour les titulaires d'un baccalauréat (ou de la capacité en droit) ou d'un D.U.T.

DÉMARCHEURS

B) L'attaché commercial (dénommé parfois aussi démarcheur-prospecteur).

Il prend contact avec les clients habituels ou potentiels d'une agence pour leur proposer les services de la banque et les inciter à les utiliser.

Lorsqu'il exerce ses fonctions à l'égard des entreprises, l'attaché commercial a alors souvent une formation supérieure (en sciences économiques, droit ou gestion) mais le poste peut aussi être pourvu par recrutement interne (pour les titulaires du baccalauréat ayant plusieurs années d'expérience).

CONSEILS

C) Le chargé de clientèle (ou gestionnaire, ou chargé de gestion).

Le chargé de clientèle reçoit et conseille la clientèle en ce qui concerne les opérations de placement et de crédit. Sa tâche est fonction du type de clientèle dont il est chargé :
– S'il s'agit d'une « clientèle particuliers » il a un rôle de conseiller et une fonction commerciale.

Dans ce cas, la préférence va au recrutement interne, le recrutement direct s'adresse davantage aux diplômés de l'enseignement supérieur commercial.

– Il peut aussi s'agir d'un « gestionnaire de fortune ». Sa clientèle est alors composée de personnes ayant un patrimoine important, qu'il peut gérer s'il dispose d'un mandat du client pour cela. Le plus souvent son rôle consiste à proposer des placements. Il peut exercer son activité dans le cadre des agences mais aussi dans les directions. L'accès à ce poste suppose une formation supérieure (gestion, D.E.S.S. de droit bancaire...).

– Enfin il peut être chargé de relations avec les entreprises. Il joue alors le rôle de conseiller financier, traite les opérations commerciales et financières de l'entreprise, étudie les demandes de crédit. C'est un poste technique, exigeant essentiellement de bonnes connaissances économiques.

AGENCE

D) Le responsable d'agence (chef d'agence ou chef d'unité d'exploitation).

Il est responsable de la gestion administrative de l'agence et de son développement commercial. Les conditions d'accès à ce poste et les activités varient selon la dimension de l'agence. Le poste est accessible soit aux titulaires du baccalauréat et d'une longue expérience professionnelle soit aux diplômés de l'enseignement supérieur (Bac + 4) en droit ou sciences économiques, après quelques années d'expérience.

II. Les emplois des services de direction

CONTRÔLE

A) Les inspecteurs et contrôleurs.

Les inspecteurs, directement rattachés à la direction générale, sont chargés du contrôle des agences, succursales et filiales : contrôle de l'application de la réglementation, de la régularité des opérations. L'inspecteur (ou auditeur) doit déceler les failles et analyser les causes qui portent atteinte à la rentabilité.

Ces postes peuvent être accessibles après une longue expérience professionnelle, mais le recrutement se fait surtout auprès de diplômés : licence en droit et surtout maîtrise, voire diplôme de 3e cycle ou diplôme des écoles de commerce.

Les inspecteurs sont assistés de contrôleurs qui vérifient, à partir de pièces comptables, les opérations réalisées par une agence ou un service. Le recrutement semble être uniquement interne (niveau baccalauréat).

JURISTES

B) Les emplois des services juridiques.

Les services juridiques ont plusieurs missions au sein de la banque :
– l'information : les juristes ont pour tâche d'informer et de conseiller les intervenants sur les problèmes juridiques et fiscaux qu'ils peuvent rencontrer dans leur profession, ainsi que certains clients ;

– le contentieux : engagement et suivi des procédures ;

– enfin des tâches nouvelles incombent aux juristes. Face à la demande de financement de grands projets aux conséquences économiques très lourdes, les directions commerciales s'entourent de juristes pour créer et mettre au point les mécanismes juridiques qui vont permettre à la banque de s'engager dans un projet : d'où la dénomination de « juriste de projet ». Ce travail exige des qualités de bon juriste (niveau 3e cycle) et la connaissance indispensable de l'anglais.

Section 3. Recrutement et formations spécialisées

I. Le recrutement

Le recrutement s'effectue de manière différente selon le type d'établissement bancaire.

A. CONCOURS

Il s'effectue sur concours, notamment pour :

1) La Banque de France.

a) Adjoint de direction.

Il s'agit d'un concours ouvert aux titulaires d'une licence âgés de moins de 27 ans au 1er janvier de l'année du concours. L'adjoint de direction exerce des fonctions de conception, de contrôle et de direction dans un comptoir de province ou réalise des travaux d'études ou de gestion dans un service du siège central. Il peut accéder à la direction d'une succursale ou d'un service.

b) Rédacteur.

Le concours est ouvert aux titulaires d'un D.E.U.G. ou d'un D.U.T. âgés de moins de 28 ans au 1er janvier de l'année du concours.

c) Secrétaire-comptable.

Il s'agit d'un concours ouvert aux titulaires du brevet ou du baccalauréat ou d'un diplôme équivalent. En réalité le niveau du concours étant élevé, la plupart des candidats sont diplômés de l'enseignement supérieur.

2) Le crédit Foncier de France.

Attaché

Concours ouvert aux titulaires d'une maîtrise, âgés de 32 ans au plus au 1er janvier de l'année du concours.

B. TITRES

Le recrutement s'effectue sur titres pour les autres organismes.

En général il a lieu (au minimum) au niveau Bac + 2 (D.U.T. de préférence) et pour accéder dès le départ à des postes intéressants, au niveau maîtrise ou 3e cycle. Le recrutement sur titres donne malgré tout lieu le plus souvent à une sélection par des entretiens de groupes ou des tests.

II. Les formations spécialisées

Parmi les formations universitaires, certaines sont plus orientées vers les activités bancaires. Ainsi :
– le D.U.T. carrières juridiques (il est possible aux étudiants de choisir en 2e année des disciplines orientées vers les institutions financières) ;
– le D.E.U.S.T. « Banques : organismes financiers et de prévoyance », à Clermont-Ferrand I ;
– les diplômes de 3e cycle : Il s'agit de D.E.S.S., de :
• droit bancaire et financier (Paris, Lyon III)
• droit et économie de la banque et des marchés financiers (Caen).

A noter aussi, en 3e cycle, un D.E.A. de finances publiques et fiscalité (Paris III).

CHAPITRE 3
LES CARRIÈRES DE L'ASSURANCE

Après avoir exposé rapidement les grandes lignes du secteur des assurances (section 1) on envisagera les emplois offerts (section 2) puis les formations spécialisées (section 3).

Section 1. Le secteur des assurances

I. Les activités

Les contrats passés avec une compagnie d'assurances permettent à un individu, une personne morale ou une collectivité, de se garantir contre les conséquences financières de la réalisation de certains dommages.

C'est un secteur qui a connu ces dernières années une très forte expansion dans la mesure où les compagnies d'assurances ont diversifié les services offerts à leur clientèle.

TYPES

On peut sommairement distinguer :

A. Les assurances de dommages.

Elles regroupent les assurances dites « de choses », qui ont pour but l'indemnisation de l'assuré lors de la destruction ou la perte d'un bien (par incendie, dégâts des eaux, vol...) et les assurances de responsabilités qui garantissent le paiement des indemnités dues à des tiers à la suite de dommages causés par l'assuré (assurance de responsabilité civile).

B. Les assurances de personnes.

Elles comprennent les assurances sur la vie (qui reposent sur un système de capitalisation) et les assurances contre les accidents corporels et la maladie.

La croissance n'est pas uniforme dans toutes les branches de l'assurance. Ces dernières années elle semble être la plus sensible dans le secteur « vie et capitalisation ».

II. Les entreprises

DIVERSITÉ

Traditionnellement, on distinguait :
– Les entreprises nationalisées.

De grandes compagnies d'assurances ont été nationalisées en 1946 : U.A.P., G.A.N., A.G.F. Elles ont d'abord été partiellement privatisées par l'introduction de leur capital en bourse (25 %) dès 1992.

– Les sociétés privées (sociétés anonymes par actions) : ainsi, AXA.
– Les sociétés à caractère mutualiste : M.A.I.F., M.A.T.M.U.T., M.A.A.F., etc.
– La Caisse Nationale de Prévoyance, établissement public, qui dépend de la Caisse des Dépôts et Consignations.

III. La structure des entreprises d'assurances

On peut distinguer :

A) Le secteur commercial.

Il comprend :

– Des services extérieurs : bureaux ouverts au public, personnel salarié, dit producteurs, qui recherche la clientèle.

– Des intermédiaires : agents, courtiers qui prospectent la clientèle.
Ces services extérieurs et intermédiaires ont une fonction commerciale.

B) Le secteur technique.

Les fonctions techniques et administratives sont assurées par :

1) les services « production » ou « émission » (s'il s'agit d'assurance-vie) : établissement et gestion des contrats. Ce service peut être divisé en sections spécialisées :

– service production incendie, service production automobile... qui sont elles-mêmes redivisées en fonction des types de risques ; par exemple :

– incendie risques simples, incendie risques industriels, etc.

2) les services « sinistres » (instruction et règlement des dossiers de sinistres) qui peuvent connaître les mêmes subdivisions que les services production.

Section 2. Les emplois

Il s'agit ici des emplois spécifiques à ce secteur. On peut opérer une distinction entre les emplois du secteur salarié et les intermédiaires non salariés.

I. Les salariés des entreprises d'assurances

ACCUEIL

A) Le guichetier-tarificateur.

Il a pour rôle de recevoir la clientèle, afin de lui donner des informations sur les contrats en cours (montant des primes, détermination exacte de la garantie), sur les possibilités de contrats, les demandes de modification d'un contrat. En fonction de la dimension de l'agence dans laquelle il travaille, son activité peut être spécialisée : risques incendie, accident...

Le recrutement se fait parmi les titulaires du baccalauréat ou d'un diplôme équivalent. Au cours de sa carrière, le guichetier-tarificateur pourra être amené à exercer des responsabilités d'ordre hiérarchique en dirigeant une équipe de guichetiers, ou accéder aux emplois de rédacteurs.

B) Le rédacteur.

Sa tâche est différente selon le service dans lequel il l'exerce :

PRODUCTION

1) Le rédacteur « production ».

Il établit des contrats d'assurance à partir des propositions émanant des intermédiaires ou des services extérieurs et par référence à des normes préétablies. Il peut être spécialisé dans la rédaction de contrats correspondant à un risque déterminé et cela en fonction de la taille et de l'organisation de l'entreprise.

Le recrutement se fait parmi les titulaires du baccalauréat ou d'un diplôme équivalent ou d'un D.U.T. « carrières juridiques » s'il s'agit d'un rédacteur « production risques simples » ou parmi les titulaires d'un D.E.U.G. ou d'un D.U.T. « carrières juridiques » complété par une formation pratique, s'il s'agit d'un rédacteur « production risques complexes ». Par la suite, le rédacteur peut accéder à des responsabilités hiérarchiques ou à l'emploi d'inspecteur-vérificateur (qui contrôle les risques importants afin de les estimer).

SINISTRES

2) Le rédacteur « sinistres ».

Il s'occupe du règlement des dédommagements, après instruction du dossier pour les sinistres les plus graves.

Le recrutement s'opère dans les mêmes conditions que pour les rédacteurs « production » en faisant une distinction entre les rédacteurs « sinistres simples » (niveau baccalauréat) et les rédacteurs « sinistres » (niveau D.E.U.G. mention droit, D.U.T. « carrières juridiques »). L'accès est possible ultérieurement à des responsabilités d'ordre hiérarchique voire à l'emploi d'inspecteur-régleur (réalise des enquêtes pour apprécier les responsabilités et le préjudice lors d'un sinistre).

CONTENTIEUX

3) Le rédacteur « contentieux ».

Il instruit et règle les dossiers « sinistres » lorsqu'une procédure judiciaire risque d'être engagée, ou lorsqu'elle l'est, ou doit l'être (action en justice intentée contre le client ou recours pour le compte du client). C'est un travail essentiellement juridique qui suppose une collaboration avec le ou les avocats qui plaideront l'affaire.

Le recrutement se fait au niveau de la licence, de la maîtrise ou du D.E.S.S., ou du diplôme d'un institut d'assurances. Le rédacteur « contentieux » peut accéder à l'emploi « d'inspecteur-régleur ». Ce dernier poste supposant une longue expérience.

II. Les intermédiaires non salariés

INDÉPENDANCE

A) L'agent général d'assurances.

C'est un travailleur indépendant qui est le représentant exclusif d'une ou plusieurs compagnies, dans un secteur géographique déterminé. Ses activités consistent à faire souscrire des contrats et à en assurer ensuite la gestion. Il travaille seul, aidé d'un secrétariat, ou avec des sous-agents qui prospectent la clientèle.

L'agent d'assurances est titulaire d'un diplôme d'assurance ou d'un diplôme juridique : D.U.T.,

D.E.U.G., licence. Il doit suivre un stage professionnel puis ensuite acquérir ou créer « un portefeuille » d'agent général.

B) Le courtier.

C'est un commerçant (car l'opération de courtage est un acte de commerce) qui met en relation deux personnes qui désirent contracter : d'une part ses clients et d'autre part la compagnie de son choix. Les activités dépendent de la dimension de son cabinet, dont il assure la gestion. Il n'est pas, à la différence de l'agent général, soumis au contrôle des compagnies avec lesquelles il travaille.

La formation exigée du courtier est sensiblement la même que celle de l'agent d'assurances.

Section 3. Les formations spécialisées

UNIVERSITÉ

Parmi les formations universitaires, certaines offrent un enseignement initiant à ce secteur d'activité, ainsi :

– Le D.U.T. carrières juridiques. Une orientation « droit des assurances » est possible en 2e année.

– Le D.E.S.S. de droit des « Assurances » (Bordeaux IV).

E.N.A.S.S.

L'École Nationale d'Assurance, qui dépend du Conservatoire National des Arts et Métiers (C.N.A.M.), propose un cycle « étudiant » de 2 ans, qui s'adresse à des étudiants se destinant à une carrière dans les entreprises d'assurances. Le concours d'entrée est ouvert aux candidats titulaires d'un diplôme de 1er cycle (D.U.T., D.E.U.G.). Le diplôme délivré est un diplôme de l'enseignement supérieur homologué par le Ministère de l'Éducation Nationale. Un cycle professionnel peut être suivi par des personnes en activité dans la profession, dans le cadre de la formation permanente.

C.H.E.A.

Le Centre des Hautes Études d'Assurances (C.H.E.A.) est ouvert :
– aux titulaires d'un diplôme universitaire de 3e cycle et qui justifient d'un an d'exercice dans la profession des assurances ;
– aux titulaires d'une licence ou maîtrise, qui ont 5 ans d'exercice dans la profession des assurances, dont 3 ans en qualité de cadre.

L'effectif de chaque promotion est très limité (une dizaine de places). Ce cycle s'adresse aux futurs dirigeants du secteur des assurances.

CHAPITRE 4
LES CARRIÈRES DE L'IMMOBILIER

Il faut d'abord essayer de définir les activités de ce secteur (section 1), avant d'envisager les emplois possibles (section 2) et les formations spécialisées (section 3).

Section 1. Les activités de « l'immobilier »

I. La promotion immobilière

CONSTRUCTION

Elle consiste à réaliser des programmes de construction d'immeubles à usage d'habitation, de bureau ou de commerce et à assurer toutes les opérations nécessaires à cette réalisation : études techniques et financières, exécution, mise à la disposition des accédants à la propriété.

II. Les transactions immobilières

INTERMÉDIAIRES

Elles constituent l'activité des « agents immobiliers », qui sont des intermédiaires ou mandataires dans l'achat, la vente ou la location d'immeubles à usage d'habitation, ou commercial voire industriel.

L'agent immobilier agit pour le compte d'autrui moyennant rémunération.

Sa tâche consiste :
– dans la recherche des biens qui feront l'objet des transactions et dans l'évaluation de ces biens ;
– dans l'assistance du client lors de la réalisation de la transaction : formalités à accomplir, recherche éventuelle de moyens de financement, signature d'un « compromis ».

III. L'administration de biens (ou gestion immobilière)

GESTION

Il s'agit de la gestion d'immeubles à usage d'habitation ou commercial pour le compte des propriétaires de ces immeubles.

L'administrateur de biens intervient dans :
– la recherche des locataires, la détermination des conditions de location et la rédaction des baux ;
– le règlement amiable d'éventuels litiges ;
– le domaine financier : encaissement des loyers pour le compte des propriétaires, répartition des charges ;
– voire même, l'embauche du personnel d'entretien ou de gardiennage ;
– la précision et l'exécution des travaux d'entretien ou de réparation.

Les administrateurs de biens sont très souvent aussi syndics de copropriété : le syndic de copropriété représente l'ensemble des copropriétaires et administre pour eux les biens de la copropriété.

CUMUL

Les activités de l'immobilier, présentées de façon distincte, peuvent dans la réalité être exercées conjointement : c'est ainsi que de nombreux agents immobiliers sont aussi administrateurs de biens et syndics de copropriété.

Section 2. Les emplois

I. Dans le secteur de la promotion immobilière

LIBRE

Le promoteur-constructeur, qui peut être une personne physique ou une personne morale, prend l'initiative de la réalisation de programmes immobiliers. La profession est libre, elle est seulement réglementée par le biais de l'exigence d'une garantie financière et l'on a pu dire que ce système aboutissait « à faire contrôler la compétence du promoteur par les banques ».

Le promoteur immobilier doit réunir, en lui-même ou dans son équipe, des connaissances d'ordre technique et commercial, mais aussi économique et juridique. C'est pourquoi les entreprises de promotion immobilière offrent quelques postes intéressant des juristes, qui sont alors chargés des aspects juridiques et administratifs de la réalisation des programmes. L'emploi n'est toutefois pas en expansion dans ce secteur.

II. L'agent immobilier et ses collaborateurs

L'agent immobilier est responsable d'un cabinet immobilier. Il exerce le plus souvent son activité comme patron d'une petite unité de 3 à 5 personnes. Cela suppose des connaissances commerciales, juridiques, financières et techniques. Il semble que depuis quelques années on note un rajeunissement des responsables d'agences et parallèlement une augmentation du niveau d'études.

CARTE

L'accès à la profession est réglementé. L'agent immobilier doit être titulaire d'une carte professionnelle, mention « Transaction sur immeubles et fonds de commerce ». Elle est délivrée par la Préfecture du département et doit être renouvelée tous les ans. La délivrance de cette carte suppose, outre la réunion de conditions tenant notamment à la garantie financière et à l'assurance professionnelle, que l'agent immobilier justifie de son aptitude à exercer la profession. Cela nécessite, soit une expérience professionnelle de plusieurs années, soit d'être titulaire de certains diplômes : D.E.U.G., licence en droit, D.U.T. (de carrières juridiques ou de gestion des entreprises et des administrations) ; capacité en droit (il faut avoir dans ce cas un an de pratique professionnelle).

ACTES

Les cabinets importants font appel à des collaborateurs spécialisés. La fonction de « rédacteur d'actes » intéresse particulièrement le juriste qui effectuera alors les formalités légales liées aux transactions. Le recrutement se fait le plus souvent parmi les titulaires d'une licence en droit ou d'un diplôme spécialisé (diplôme de l'I.C.H., voir p. 239).

Le négociateur, lui, a un travail de prospection (recherche des biens) et d'estimation, puis de négociation. C'est le « collaborateur commercial » de l'agent immobilier.

III. L'administrateur de biens

Il exerce son activité, soit à titre exclusif, soit à titre principal, voire même seulement accessoire. La plupart des cabinets regroupent les activités d'agent immobilier, d'administrateur de biens et de syndic de copropriété. L'administration de biens donne en effet une certaine stabilité à l'entreprise, étant beaucoup moins sensible que le secteur des transactions aux fluctuations économiques.

CARTE

L'accès à la profession d'administrateur de biens est réglementé. L'administrateur de biens doit être titulaire d'une carte professionnelle, mention « Gestion immobilière ». Elle est délivrée par la Préfecture du département et doit être renouvelée tous les ans. Cette carte est accordée dans des conditions semblables à celles de la délivrance de la carte, mention « Transactions sur immeubles », envisagée précédemment. L'aptitude professionnelle dont il faut justifier est appréciée de la même façon.

Section 3. Les formations spécialisées

BREVET

Tout d'abord, on mentionnera l'existence d'un brevet professionnel des professions immobilières qui comporte 2 options :
— « Administration de biens et syndic de copropriété ».
— « Agent immobilier et mandataire en vente de fonds de commerce ».

Ce brevet ne peut être préparé que par des personnes déjà employées dans le secteur de l'immobilier. C'est un brevet organisé dans le cadre de chaque académie (se renseigner auprès des services du rectorat du domicile du candidat). Les titulaires de la capacité en droit sont dispensés d'une partie des épreuves.

UNIVERSITÉ

Parmi les formations universitaires spécialisées, on peut citer :
— les D.E.U.S.T. :
 • « professions immobilières » (Toulon et Limoges) ;
 • « administration d'immeubles » (Lyon III) ;
— le magistère « Droit de l'urbanisme et de l'environnement » (Limoges) ;
— les D.E.S.S. et D.E.A. spécialisés dans le droit de l'immobilier (Lyon III, Paris I, Paris II...).

I.C.H.

Enfin, il faut indiquer le diplôme de l'Institut d'études économiques et juridiques appliquées à la construction et à l'habitat (I.C.H.). C'est un établissement dépendant du C.N.A.M. (Conservatoire National des Arts et Métiers). Il délivre un diplôme apprécié dans le milieu professionnel. L'inscription est ouverte aux titulaires du baccalauréat ou de la capacité en droit, ainsi qu'aux personnes justifiant de 3 ans de pratique professionnelle. L'enseignement est donné en cours du soir. Le diplôme comprend 7 unités de valeur.

En conclusion, on peut dire que le secteur de l'immobilier ouvre un certain nombre de débouchés aux juristes en tant qu'employés ou cadres. Mais pour créer son entreprise, une expérience professionnelle d'au moins 5 ans semble nécessaire, ainsi qu'une solide formation juridique (maîtrise - de préférence spécialisée - ou D.E.S.S.) et des connaissances en gestion.

TABLE DES MATIÈRES

AVANT-PROPOS 7

PRÉAMBULE : LE DROIT 9

CHAPITRE 1. LES CLASSIFICATIONS DU DROIT 13

    Section 1. Le droit privé 13

        I. Le droit civil................................. 13
        II. Le droit commercial..................... 17
        III. Le droit du travail........................ 18
        IV. Le droit international privé........... 20
        V. Le droit judiciaire privé 20

    Section 2. Le droit public 21

        I. Le droit constitutionnel................ 21
        II. Le droit administratif................... 23
        III. Le droit fiscal 24
        IV. Le droit international public.......... 25

    Section 3. Les droits mixtes 26

CHAPITRE 2. LES SOURCES DU DROIT 29

    Section 1. Les actes de l'autorité publique. 29

        I. La constitution............................. 30
        II. Les traités internationaux............. 31
        III. Les lois.. 33
        IV. Les ordonnances.......................... 34
        V. Les règlements............................ 35

    Section 2. La jurisprudence 36

    Section 3. La coutume 39

PREMIÈRE PARTIE
LES ÉTUDES DE DROIT

Titre 1. Les cursus 43

Section préliminaire. L'accès aux études supérieures de droit 46
- I. Le baccalauréat 46
- II. Le diplôme d'accès aux études universitaires 48
- III. La validation des études, expériences professionnelles ou acquis personnels ... 50
- IV. La capacité en droit 51

CHAPITRE 1. LE PREMIER CYCLE DES ÉTUDES DE DROIT 57

Section 1. Les filières juridiques générales : le D.E.U.G. 57
- I. Conditions d'accès 57
- II. Les études 58
- III. Les débouchés 63

Section 2. Les filières juridiques spéciales . 65
- I. Le D.E.U.G. - Mention A.E.S. 66
- II. Le D.U.T. - Mention « carrières juridiques » 69
- III. Le D.E.U.S.T. 72

CHAPITRE 2. LE DEUXIÈME CYCLE DES ÉTUDES DE DROIT 75

Section 1. Les filières juridiques générales ... 75
- I. La licence en droit 75
- II. La maîtrise en droit 80

Section 2. Les filières juridiques spéciales ... 85
- I. Les licence et maîtrise - Mention A.E.S. 85
- II. La maîtrise de sciences et techniques : M.S.T. 86

CHAPITRE 3. LE TROISIÈME CYCLE DES ÉTUDES DE DROIT 87

Section 1. Les filières juridiques générales .. 87
    I. Le D.E.S.S. 87
    II. Le D.E.A. 91
    III. Le doctorat 93

Section 2. Les filières juridiques spéciales : le magistère 94

Titre 2. La documentation 97

CHAPITRE 1. L'INFORMATION OFFICIELLE 99

Section 1. Les publications périodiques ... 99
    I. Le Journal Officiel 100
    II. Les Bulletins de la Cour de cassation 101

Section 2. La codification 102
    I. La codification - réforme 102
    II. La codification - compilation 103

CHAPITRE 2. LA DOCTRINE ET L'INFORMATION 105

Section 1. Les recueils privés 105
    I. Les recueils généraux 106
    II. Les recueils spécialisés 110

Section 2. Les ouvrages juridiques 117
    I. Les livres de droit 118
    II. Les encyclopédies 127
    III. Les dictionnaires et lexiques 132
    IV. Les ouvrages de méthode 133

Section 3. Les codes 134
    I. Les codes DALLOZ 135
    II. Les codes LITEC 138

CHAPITRE 3. L'INFORMATIQUE JURIDIQUE .. 141

Section 1. Les banques de données............. 142

Section 2. L'accès aux banques de données 143

DEUXIÈME PARTIE
LES DÉBOUCHÉS DU DROIT

Titre 1. Les professions judiciaires.. 149

CHAPITRE 1. LES MAGISTRATS 151

Section 1. Les magistrats de l'ordre judiciaire 151
  I.   Accès aux fonctions 151
  II. Magistrats du siège......................... 154
  III. Magistrats du Ministère public 157

Section 2. Les magistrats de l'ordre administratif.. 158

CHAPITRE 2. LES AUXILIAIRES DE JUSTICE. 161

Section 1. Les avocats 161
  I. L'accès à la profession d'avocat 162
  II. La profession d'avocat 163

Section 2. Les officiers ministériels 166
  I.   Huissier de justice........................... 167
  II. Avoué près la Cour d'appel............. 169
  III. Avocat aux conseils......................... 169
  IV. Notaire.. 170

Section 3. Les auxiliaires du juge 172
  I. Les greffiers..................................... 173
  II. Les administrateurs 174

Titre 2. Les emplois de la fonction publique 177

CHAPITRE 1. LA FONCTION PUBLIQUE 179

Section 1. Règles fondamentales régissant les fonctionnaires 179

    I. Le statut des fonctionnaires 179
    II. Corps, catégories, grades et échelons 180
    III. Le principe du recrutement par concours 182

Section 2. L'accès à la fonction publique. 183

    I. Les épreuves des concours 183
    II. La préparation aux concours 185
    III. Les écoles de la fonction publique. 185

CHAPITRE 2. LES PRINCIPAUX CONCOURS ADMINISTRATIFS 189

Section 1. Les concours interministériels. 189

    I. Les attachés d'administration centrale 190
    II. Les secrétaires administratifs 191

Section 2. Les concours du Ministère de l'Économie et des Finances 191

    I. Les concours relevant de la Direction générale des impôts 191
    II. Les concours relevant de la Direction de la comptabilité publique (Trésor Public) 193
    III. Les concours relevant de l'administration des douanes et droits indirects 195
    IV. Les autres concours du Ministère de l'Économie et des Finances 196

Section 3. Les concours du Ministère de l'Éducation nationale, de l'Enseignement supérieur et de la Recherche 197

    I. Les attachés d'administration scolaire et universitaire 198
    II. Les secrétaires 198

Section 4. Les concours du Ministère de l'Intérieur 198

   I. Les concours de la police nationale . 199
   II. Les concours d'attachés et de secrétaires de préfecture 200

Section 5. Les concours du Ministère du Travail et des Affaires sociales 201

   I. Inspecteur du travail 201
   II. Inspecteur des affaires sanitaires et sociales 201
   III. Directeurs d'hôpitaux 202

Section 6. Les concours du Ministère de la Justice 203

   I. Attachés d'administration et d'intendance de l'administration pénitentiaire 203
   II. Sous-directeurs de l'administration pénitentiaire 204

Section 7. Les concours du Ministère de l'Industrie, de la Poste et des Télécommunications 204

Section 8. Les concours du Ministère de la Défense 205

Section 9. Les concours de recrutement des agents des collectivités territoriales .. 206

   I. Les concours de rédacteur 206
   II. Les concours d'attaché 207

Section 10. Le recrutement des agents des organismes de sécurité sociale 207

   I. Le personnel d'exécution et les agents d'encadrement 208
   II. Le Centre National d'Études Supérieures de Sécurité Sociale (CNESSS) 208

Titre 3. Les carrières de l'entreprise . 211

CHAPITRE 1. LES JURISTES ET L'ENTREPRISE 213

Section 1. Le conseil en entreprise 213

I. Contentieux...................................... 214
II. Gestion financière et comptable 214
III. Propriété industrielle 214
IV. Droit de la consommation, de la publicité, des transports 214
V. Négociation et rédaction de contrats nationaux et internationaux.............. 214

Section 2. Le responsable de la « fonction personnel » 215

I. L'administration du personnel 216
II. La gestion des ressources humaines 216
III. Le « management » social............... 216

CHAPITRE 2. LES CARRIÈRES DE LA BANQUE 219

Section 1. Les activités des banques 219

I. Les banques 219
II. Aperçu des activités bancaires........ 220

Section 2. Les emplois................................ 221

I. Les emplois du réseau d'exploitation 221
II. Les emplois des services de direction 223

Section 3. Recrutement et formations spécialisées... 224

I. Le recrutement................................. 224
II. Les formations spécialisées 225

CHAPITRE 3. LES CARRIÈRES DE L'ASSURANCE 227

Section 1. Le secteur des assurances 227

    I. Les activités 227
    II. Les entreprises 228
    III. La structure des entreprises d'assurances 228

Section 2. Les emplois 229

    I. Les salariés des entreprises d'assurances 229
    II. Les intermédiaires non salariés 231

Section 3. Les formations spécialisées 232

CHAPITRE 4. LES CARRIÈRES DE L'IMMOBILIER 235

Section 1. Les activités de « l'immobilier » 235

    I. La promotion immobilière 235
    II. Les transactions immobilières 235
    III. L'administration de biens (ou gestion immobilière) 236

Section 2. Les emplois 237

    I. Dans le secteur de la promotion immobilière 237
    II. L'agent immobilier et ses collaborateurs 237
    III. L'administrateur de biens 238

Section 3. Les formations spécialisées 239

Achevé d'imprimer sur les presses de l'Imprimerie
Arts Graphiques du Perche - 28240 Meaucé
Dépôt légal : juin 1996
Imprimé en France